ATLAS BÍBLICO

ATLAS BÍBLICO

Elaborado por Wolfgang Zwickel

Paulinas

Dados Internacionais de Catalogação na Publicação (CIP)
(Câmara Brasileira do Livro, SP, Brasil)

Zwickel, Wolfgang
Atlas bíblico / elaborado por Wolfgang Zwickel ; [tradução Renatus Porath]. – São Paulo : Paulinas, 2010.

Título original: Calwer bibelatlas.
ISBN 3-7668-3702-8 (ed. original)
ISBN 978-85-356-2672-8

1. Bíblia - Geografia - Mapas I. Título.

10-05938 CDD-220.90223

Índices para catálogo sistemático:

1. Atlas bíblico 220.90223
2. Bíblia : Atlas 220.90223

Título original da obra: *Calwer Bibelatlas*

Die brasilianische Übersetzung ist durch die Vermittlung der Verlagsagentur EULAMA.

Direção-geral: *Flávia Reginatto*
Editores responsáveis: *Vera Ivanise Bombonatto e Matthias Grenzer*
Tradução: *Renatus Porath*
Copidesque: *Anoar Jarbas Provenzi*
Coordenação de revisão: *Marina Mendonça*
Revisão: *Leonilda Menossi e Ana Cecilia Mari*
Direção de arte: *Irma Cipriani*
Assistente de arte: *Sandra Braga*
Gerente de produção: *Felício Calegaro Neto*
Editoração eletrônica: *Manuel Rebelato Miramontes*

Paulinas

Rua Dona Inácia Uchoa, 62
04110-020 – São Paulo – SP (Brasil)
Tel.: (11) 2125-3500
http://www.paulinas.com.br – editora@paulinas.com.br
Telemarketing e SAC: 0800-7010081

Sumário

Introdução 6
Fundamentos da pesquisa histórico-topográfica 8
Mapa 1 Dados geográficos 10
Mapa 2 A Palestina no segundo milênio a.C. 12
Mapa 3 O êxodo 14
Mapa 4 O sistema tribal em Israel conforme Josué 13–21 16
Mapa 5 O período dos juízes e dos primórdios da monarquia 18
Mapa 6 Israel e Judá da divisão do reino até a queda de Israel 20
Mapa 7 A Palestina até a queda de Judá 22
Mapa 8 O império assírio 24
Mapa 9 O império babilônico 26
Mapa 10 O império persa 28
Mapa 11 A província persa de Judá. A tabela dos povos de Gênesis 10 30
Mapa 12 A Palestina no período selêucida e macabeu 32
Mapa 13 A Palestina sob Herodes Magno 34
Mapa 14 A Palestina no tempo de Jesus 36
Mapa 15 As viagens de Paulo e as localidades do cristianismo primitivo 38
Mapa 16 Jerusalém no período vétero e neotestamentário 40
Anexo 1 Escavações arqueológicas na Palestina 42
Anexo 2 Cortes no sentido longitudinal e latitudinal da Palestina 43
Índice remissivo 44

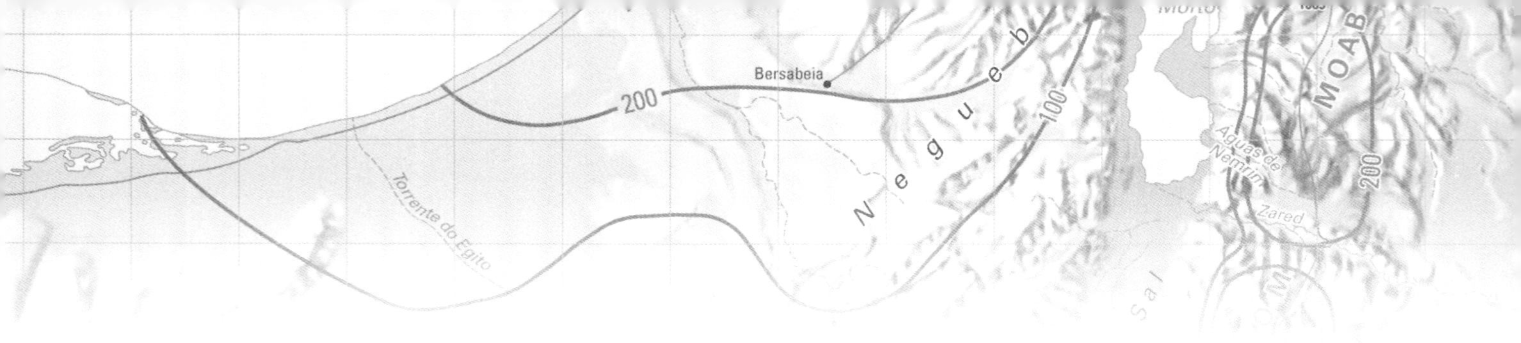

Introdução

"Quem quer entender um evento histórico precisa ter uma visão clara do espaço em que ocorreu a história." Com essa divisa, que ao mesmo tempo encerra uma reivindicação, Theodor Schlatter introduzia o prefácio da edição alemã do *Pequeno atlas bíblico-histórico*" (original *The Westminster Smaller Bible Atlas*), da autoria de G. E. Wright e F. V. Filson. Desde 1960, esse *Atlas* teve inúmeras reedições na Editora Calwer, e sua presente edição, totalmente reformulada, mantém-se fiel a essa divisa. Os 17 mapas, cronologicamente diferenciados entre si, transmitem as constelações de poder relevantes para cada período e as informações de fundo necessárias para a compreensão de textos bíblicos, desde que isso possa ser expresso através da cartografia. Toda pessoa que lê a Bíblia, ao consultar o *Atlas Bíblico*, deveria estar em condições de compreender melhor os textos com conteúdos históricos. Em muitos casos, um atlas bíblico oferece uma informação visual, respondendo a perguntas que surgem na leitura de textos bíblicos. Talvez por isso os mapas para a Bíblia ainda sejam o material auxiliar mais importante e mais utilizado na leitura bíblica, superando até o recurso a léxicos e concordâncias.

A revisão total do *Pequeno atlas bíblico-histórico* persegue ainda outro objetivo: enquanto a maioria dos atlas atualmente disponíveis oferece apenas uma seleção de localidades povoadas e que ocorrem em textos bíblicos, este *Atlas* pretende ser o mais completo possível. Desde que sítios tenham sido identificados com segurança (o que vale para a maioria das localidades bíblicas, mesmo que não para todas), eles foram registrados nos respectivos mapas, organizados cronologicamente. Com isso, esta edição reelaborada do *Atlas* não serve apenas de atlas de estudo para escola, comunidade religiosa e leitura particular da Bíblia; ela satisfaz também às exigências de uma obra cartográfica, cientificamente embasada e correspondendo ao estado atual da pesquisa. As tabelas, em anexo, são ao mesmo tempo uma fonte de consulta, de fácil manuseio, para todas as localidades bíblicas identificadas.

Os nomes das localidades bíblicas foram tirados do *Dicionário bíblico hebraico-português* de Luis Alonso Schökel (São Paulo: Paulus, 1997) e da *Bíblia de Jerusalém* (São Paulo: Paulus, 2002). Para a transliteração de localidades árabes, foi empregado o sistema da Sociedade Alemã do Oriente. Decidiu-se conscientemente pela não utilização dos nomes israelitas modernos para as localidades que, via de regra, são criações novas e sem relevância para a discussão topográfica.

Nas tabelas em anexo, encontram-se, para a localidade identificada, o respectivo nome atual em árabe, uma indicação exata dos índices de coordenadas segundo a chamada *grade palestinense* (Palestine-Grid) e a indicação do respectivo registro nos mapas. Não foram listados os nomes do mapa "As escavações arqueológicas na Palestina", no qual constam os sítios mais relevantes do período bíblico. Dado o elevado número de escavações na região, procedeu-se apenas a uma seleção de sítios arqueológicos. Com a ajuda dos índices de coordenadas, pessoas em viagem pela Palestina poderão identificar a respectiva localidade bíblica nos mapas turísticos em circulação (como p. ex. o amplamente disseminado *Israel Touring Map*, do Ministério do Turismo de Israel), e ainda descobrir o nome israelita moderno que lhe corresponde. Muitas vezes, no entanto, povoados israelitas modernos ficam a alguns quilômetros do local antigo de nome idêntico!

Os trabalhos dispendiosos investidos na reelaboração deste *Atlas* não seriam possíveis sem o generoso apoio financeiro por parte da Fundação-Editora Calwer e da Fundação Adolf Schlatter.

Meus agradecimentos especiais vão para Thomas Hönicke, da empresa Klett-Pethes, Gotha, pela confecção dos mapas, e para Matthias Flender, pela assessoria no trabalho de computação na elaboração do mapa "As escavações arqueológicas na Palestina".

Theodor Schlatter encerrava seu prefácio para a edição antiga do *Pequeno atlas bíblico-histórico* com as palavras: "A Editora Calwer edita esse pequeno *Atlas* na esperança de prestar um bom serviço a muitos amigos da Bíblia". Que também este *Atlas* reelaborado venha ao encontro dessa mesma esperança.

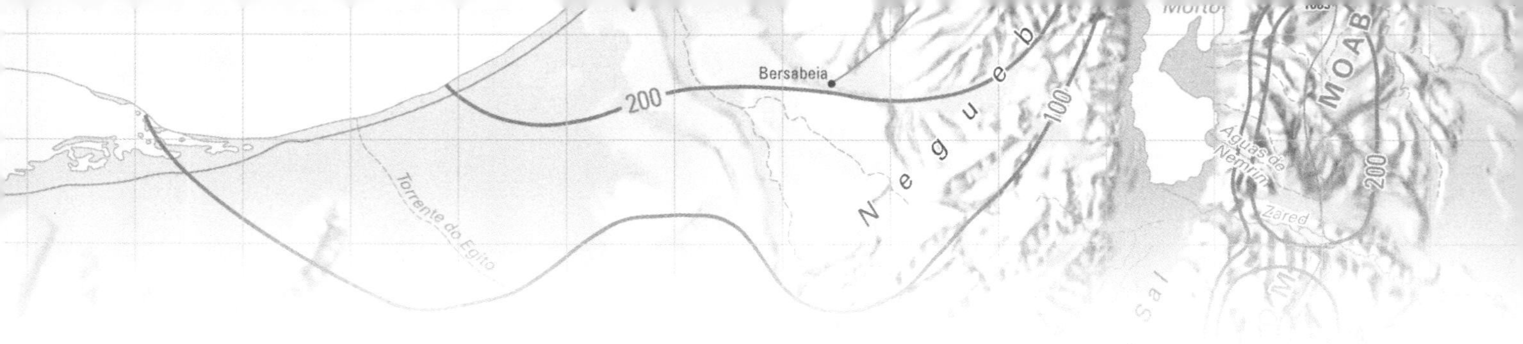

Fundamentos da pesquisa histórico-topográfica

A pesquisa histórico-topográfica conquistou importantes avanços em termos de conhecimento nas últimas décadas. Até os primórdios do século XIX, a fonte mais importante para a identificação de lugares bíblicos era, ao lado das indicações da própria Bíblia, o *Onomástico de Eusébio*, escrito antes de 331 d.C., com breves notícias sobre a localização correta, na sua opinião, dos lugares geográficos da Bíblia. Na redação de sua obra, Eusébio pôde recorrer a documentos oficiais da biblioteca de Cesareia, onde residia como bispo desde 313 d.C. Ele mesmo, no entanto, não conhecia mais a localização de muitos lugares que fazia tempo haviam sido abandonados. Some-se a isso o fato de que ele, em vários registros, se enganou, como ainda hoje pode acontecer a qualquer topógrafo.

Esse conhecimento a respeito da localização dos lugares bíblicos pouco se ampliou nos séculos seguintes. Ao saber registrado no *Onomástico*, acrescentaram-se, a partir do século IV, os relatos de muitos que viajaram à Palestina. Com o aumento do número dos romeiros, paradoxalmente diminuiu o conhecimento sobre os lugares bíblicos. Via de regra, os romeiros valiam-se dos mesmos caminhos dos portos do Mediterrâneo, tendo Jerusalém como alvo preferencial. O que ficava à margem desses caminhos raramente era visitado ou muitas vezes caía no esquecimento. Por outro lado, também os guias locais identificavam sítios bíblicos distantes com lugares nas proximidades dos caminhos dos romeiros a fim de oferecer aos que vinham de longe uma estada com atrativos diversificados e repleta de boas impressões. Assim, inúmeros lugares ainda nos inícios do século XIX eram completamente desconhecidos. A partir desse pano de fundo, o século XIX pode ser entendido, de certo modo, como século da redescoberta da Palestina. Ulrich Jasper Seetzen (1767-1810) e Johann Ludwig Burckhardt (1784-1817), nos inícios do século XIX, foram os primeiros a não confiarem mais no antigo conhecimento tradicional. Eles reconheceram que muitos nomes árabes preservavam o nome antigo de localidades bíblicas. Por exemplo, no nome árabe da localidade *Ḫirbet* ("monte de ruínas") *Sēlūn* dá para reconhecer-se ainda a antiga denominação da localidade Silo. Seetzen e Burckhardt abandonaram então as costumeiras trilhas dos romeiros para visitar regiões desconhecidas, documentando, mesmo que de forma não sistemática, a tradição de nomes árabes. A primeira catalogação sistemática deve-se ao americano Edward Robinson (1794-1863), ao suíço Titus Tobler (1806-1877) e ao francês Victor Honoré Guérin (1821-1891), que em suas viagens redescobriram muitos dos antigos nomes bíblicos. Ainda hoje muitas das localizações remontam à obra desses pesquisadores. O primeiro levantamento cartográfico abrangente da Cisjordânia ocorreu de 1880 até 1884, financiado pelo empreendimento inglês "Survey of Western". Desde então, não apenas se documentavam, de maneira crescente, os nomes, mas fazia-se também uma descrição breve dos restos arquitetônicos encontrados.

Quando, em 1890, W. M. F. Petrie empreendeu em *Tell el-Ḥesī* a primeira escavação em solo palestinense, iniciava uma nova época para a topografia histórica. Se até então dependia-se da semelhança entre a pronúncia dos nomes árabes e as localidades da tradição bíblica, agora os resultados das escavações serviam de apoio adicional para as identificações sugeridas. Em vários casos, no entanto, havia a consonância, mas o lugar não era povoado no período específico, levando a que se desistisse da suposta identificação. Por outro lado, as escavações e as pesquisas de superfície tornaram possível a localização de sítios a partir de achados arqueológicos, apesar de nomes bíblicos não estarem preservados na língua árabe.

A pesquisa arqueológica da Palestina avançou consideravelmente desde a publicação do *Pequeno atlas bíblico-histórico* (1969). Na atualidade, um projeto de longo alcance está em execução. Ele pretende abarcar a histórica do povoamento de todos os lugares antigos através de uma intensa pesquisa de superfície em toda a Palestina. Uma parte respeitável dos volumes documentais já está à disposição; para outras regiões há no mínimo relatórios preliminares. Também na Jordânia, 50% da região povoada na Antiguidade foi catalogada através de pesquisas intensivas desse tipo; contudo, esse projeto não está sob a coordenação do Estado, fazendo com que sempre haja “lacunas” no mapa.

Com isso, a tarefa de localização de lugares bíblicos pode contar hoje com uma base material consideravelmente ampla. Ao lado do aproveitamento (crítico) de textos bíblicos e extrabíblicos (p. ex. tradições egípcias e assírias, o *Onomástico de Eusébio*, tradições rabínicas, relatos de romeiros), dispõe-se da tradição de nomes árabes e dos dados arqueológicos. Excepcionalmente, a identificação segura e inequívoca de uma localidade se dá através de provas textuais, linguísticas e arqueológicas. Em muitos casos, não ocorre a desejada plenitude. Apesar disso, os dados disponíveis permitem uma determinação segura das localidades. Quando a localização de um lugar não é segura no período em questão, coloca-se uma interrogação (?) junto ao sítio sugerido. De forma análoga, isso é feito também nos casos de identificações de lugares sugeridos pela arqueologia mas sem nenhum apoio adicional nas demais fontes. Apesar disso, das mais de 1.500 designações de localidades, regiões, rios, montanhas e territórios, cerca de 400 nem sequer puderam ser identificadas geograficamente. Na maioria dos casos, trata-se de localidades raramente mencionadas na Bíblia e que, no mais, não exercem maior importância. Apenas em alguns poucos casos a localização de lugares com relevância histórica e mencionados com frequência (como, p. ex., Emaús e Fanuel) continua controvertida.

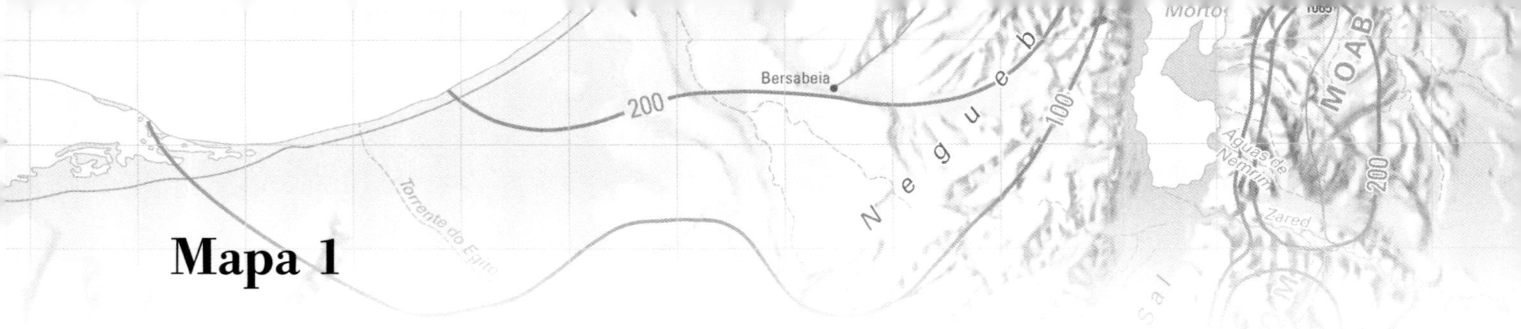

Mapa 1

Dados geográficos

O mapa mostra toda a região da Palestina com as camadas segundo sua altitude, algumas montanhas que se destacam, correntes fluviais, traçados de estradas com importância suprarregional, a média das precipitações pluviais na atualidade (isoietas) e as designações bíblicas para as localidades e regiões. A partir do Mar Mediterrâneo, a região costeira, plana e formada de pântanos na parte norte, é seguida pela Sefelá com suas colinas. Desta, passa-se à subida da região montanhosa, cuja linha divisória de águas corre de Siquém, via Jerusalém, até Hebron. Mais a leste, a região montanhosa dá lugar à depressão da Jordânia e do Mar Morto. A partir dali, um terreno relativamente íngreme dá acesso à Transjordânia, passando para uma região inicialmente marcada por colinas, para depois se configurar, de forma crescente, em áreas planas. A Transjordânia é entrecortada pelos vales profundos do Jarmuc, Jaboc Arnon e Zared, estruturando-a, no sentido norte–sul, em regiões separadas.

Na Cisjordânia, o Monte Carmelo, que se estende até o Mediterrâneo, interrompe a planície costeira ao norte. Ainda ao norte, seguem-se a ela as Planícies de Aco e Jezrael e a bacia de Betsã. Essa região plana faz limite com a região montanhosa da baixa Galileia, que, por sua vez, tem sua continuidade na alta Galileia com altitudes mais acentuadas.

A agricultura encontra condições favoráveis em todas as regiões com uma média de precipitações pluviais superior a 500 mm. Para a Cisjordânia, isso vale para toda a região a oeste do divisor de águas e a norte de Hebron; para a Transjordânia, isso vale principalmente para a sua parte norte. Quando a média da precipitação atmosférica cai para menos de 200 mm por ano, a agricultura só garante algum resultado através da irrigação artificial e por meio do represamento de água dos *wadis.* A designação "de Dã a Bersabeia" não descreve apenas a região então povoada, mas também indica a área da Palestina propícia à agricultura, sem exigir grandes esforços. Como as nuvens que trazem as chuvas do Mediterrâneo se precipitam ao encontrarem as regiões montanhosas de Judá e Efraim, a região a leste dali, em direção ao Jordão, rapidamente se transforma de estepe em deserto. As chuvas sofrem uma nova precipitação quando as nuvens tocam as montanhas da Transjordânia. Também lá, após uma extensão de trinta quilômetros, seguem-se primeiramente a estepe e depois o deserto.

A Palestina servia de terra de conexão entre o Egito e Mesopotâmica, os dois centros de poder do Oriente. Especialmente o reino do norte de Israel pôde usufruir do comércio entre esses países, pois a rota comercial mais importante do crescente fértil (o chamado Caminho do Mar), proveniente do Egito, percorria a região do reino do norte, avançando, a seguir, em direção ao norte da Síria. Lá a estrada se bifurcava: uma ramificação se dirigia à região montanhosa da Anatólia e a outra, seguindo ao longo do Eufrates, levava à Mesopotâmia. O Caminho do Mar não só tinha relevância para o comércio; sobre ele movimentavam-se também tropas dos mais diferentes empreendimentos bélicos. Na Transjordânia, a Estrada Real representava o trajeto final da estrada das especiarias provenientes da Arábia Saudita. Algumas das conexões leste–oeste, ao contrário, só desempenhavam um papel secundário.

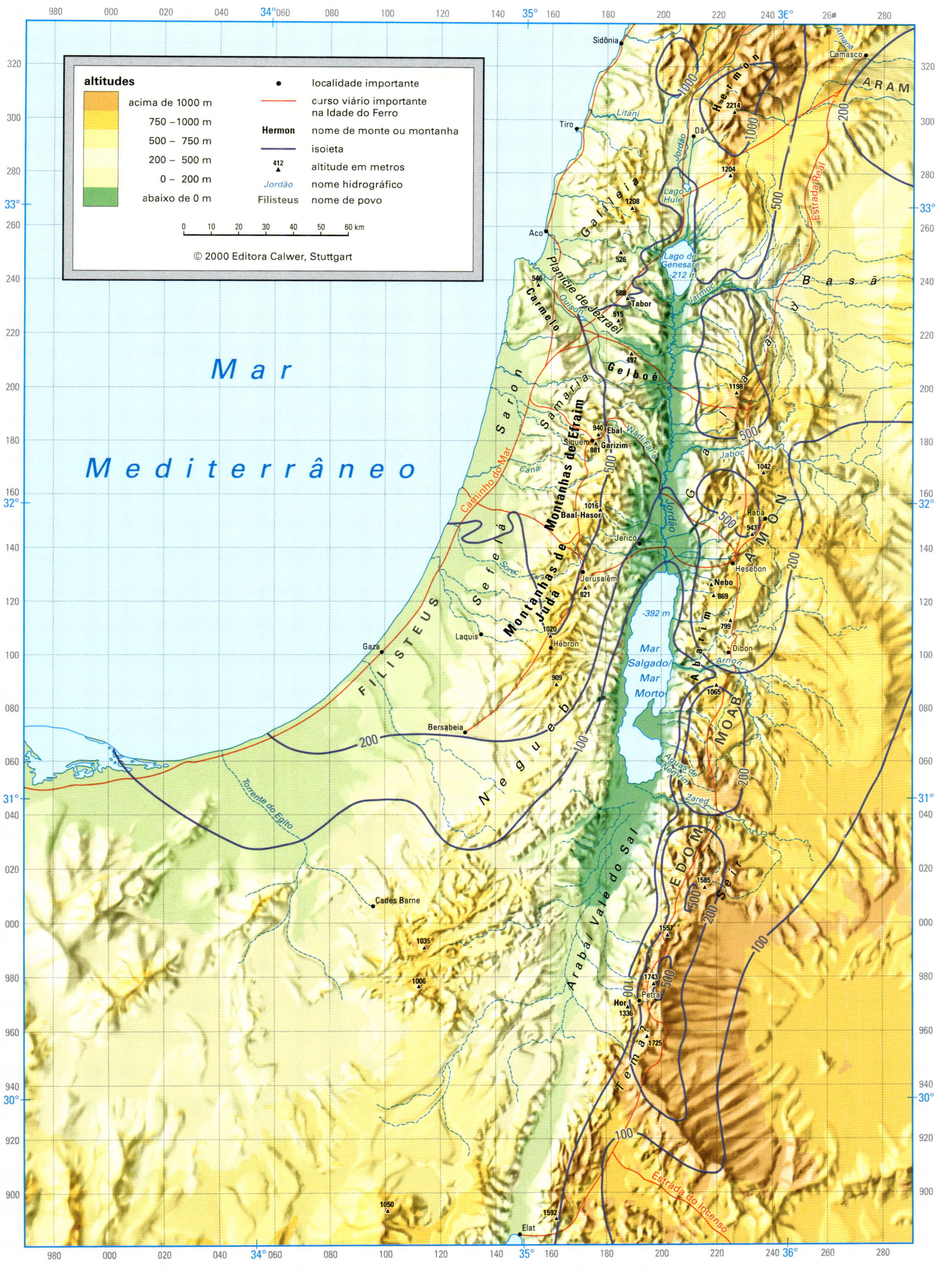

altitudes
acima de 1000 m
750 – 1000 m
500 – 750 m
200 – 500 m
0 – 200 m
abaixo de 0 m
localidade importante
curso viário importante na Idade do Ferro
Hermon
nome de monte ou montanha
isoieta
412
altitude em metros
Jordão
nome hidrográfico
Filisteus
nome de povo
0 10 20 30 40 50 60 km
© 2000 Editora Calwer, Stuttgart
Mar Mediterrâneo
Sidônia
Damasco
ARAM
Hermon
2214
Litani
Tiro
Dã
1204
Lago Hule
Galiléia
1208
Estrada Real
Aco
526
Lago de Genesaré -212 m
Basã
546
Carmelo
Planície de Jezrael
Quison
588
Tabor
515
Jarmuc
497
Gelboé
1198
Saron
Samaria
940
Ebal
Siquém
Garizim
881
Wadi Far'a
Jaboc
1042
Caminho do Mar
Caná
Montanhas de Efraim
Gileade
1016
Baal-Hasor
Rabá
943
AMON
Jericó
Jordão
Sefelá
Sorec
Jerusalém
821
Hesebon
Nebo
869
Montanhas de Judá
-392 m
Abarim
FILISTEUS
Laquis
1020
799
Gaza
Hebron
Dibon
Mar Salgado/ Mar Morto
Arnon
909
1065
MOAB
Bersabeia
Neguebe
Torrente do Egito
Águas de Nemrim
Zared
Vale do Sal
EDOM
Seir
1585
Cades Barne
1557
1035
Arabá
1006
1743
Petra
Hor
1336
Temã?
1725
Estrada do Incenso
1050
1592
Elat

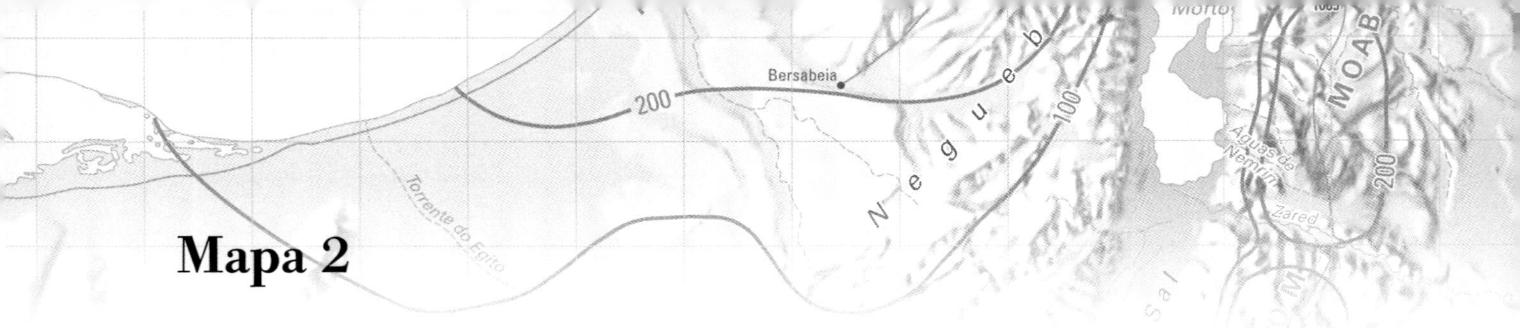

Mapa 2

A Palestina no segundo milênio a.C.

O mapa mostra a história do povoamento da Palestina antes do surgimento dos reinos de Israel e Judá. No período do Bronze Antigo I-III (ca. 3300-2200 a.C.), desenvolveu-se uma cultura urbana florescente que se nutria principalmente das culturas de vinhas e olivais, em franco crescimento, gerando um excedente de produção e, consequentemente, o respectivo comércio. Em torno de 2200 a.C., praticamente todas as cidades foram abandonadas voluntariamente. As causas para esse desaparecimento da cultura urbana continuam sem explicação. Até hoje não há evidências de uma mudança profunda das condições climáticas, nem sinais de uma conquista militar dessas cidades.

A partir de 2000 a.C., aproximadamente, formaram-se novamente cidades maiores, com governantes e reis próprios, na região costeira e nas planícies férteis. As cidades controlavam, cada qual para si, as regiões no seu entorno, cujas áreas cultivadas serviam à manutenção da respectiva cidade-Estado. No Egito foram encontrados três grupos de chamados textos de execração (séculos XIX-XVII a.C.). Trata-se de tigelas e estatuetas com registros de listas de nomes de cidades com seus respectivos reis. Através do rito de despedaçar esses objetos, expressava-se a reivindicação de domínio egípcio sobre as cidades nomeadas. A partir do século XV a.C., os faraós egípcios conseguiram consolidar sua soberania sobre o território da Palestina e da Síria, mediante campanhas bélicas regulares à região, passando a administrá-la. As localidades atingidas pelas campanhas tiveram seus nomes registrados em longas listas nas paredes de templos egípcios. A maior das listas, com 350 nomes ao todo, provém de Tutmósis III (1479-1426 a.C.). Do governo de Amenófis III (1390-1353 a.C.) e de seu filho Amenófis IV Ecnaton (1353-1336 a.C.), derivam as cartas de Amarna, que em sua maioria foram encontradas na capital egípcia da época, El-Amarna. Essa correspondência foi redigida por regentes de cidades-Estado da Palestina, Síria e Mesopotâmia, fazendo relatos da situação política em sua região e conclamando o faraó egípcio a intervir.

O mapa mostra as localidades identificadas nos textos de execração, na lista das campanhas militares de Tutmósis III e nas cartas de Amarna. Fornece-se, assim, uma visão sobre a distribuição das cidades-Estado no segundo milênio a.C. A região montanhosa de Efraim e Judá era esparsamente povoada, como o evidencia a pesquisa arqueológica. Apenas Jerusalém e Siquém eram localidades com destaque na região. Também a história do povoamento da Transjordânia apresentava índices baixos de ocupação. A maioria dos sítios deve ter sido, no máximo, apenas aldeias. Mesmo assim, a área ocupada pelas cidades-Estado não era tão grande. Na Idade do Bronze Recente (ca. 1550-1200 a.C.), apenas duas cidades povoavam uma área maior do que 10 hectares: Laquis (20 hectares) e Hasor (84 hectares).

Mar Mediterrâneo
Sidônia
Tiro
Caná
Litani
Abel-Bet-Maaca
Bet-Anat?
Lais
Aion?
Roob
Cumidi
Hermon
2214
Damasco
Upe
Amana
Jordão
1204
Roob?
Galileia
Lago de Hule
1208
Hasor
Aco
Messal?
Acsaf
526
Quineret
Jasuf?
Gat-Carmelo
Hanaton
Sames-Adam
Lago de Genesaré
-212 m
546
Gaba-Sêmen?
Helcat
Semron
Adami-Neceb
Jenoam
588
Tabor
Bet-Sames?
Quison
Jecnaam
Anaarat
Dor
Gaba
515
Meguido
Suném
Jarmut
Sarar
Safet
Tanac
Aron
497
Betsã
Adoren
Burquna
Guiná
Jeblaam
Roob?
Pela
Magdol
Gat-Padalla
Jaquém
Soco
Emat
Montanhas de Efraim
Ebal
940
Siquém
Wadi Fara
Caná
Afec
Gat-Remon
Jope
Ono
1016
Baal-Hasor
Lod
Mucazi
Luza
Gebeton
Bet-Horon (superior)
Gazer
Aialon
Rabá?
Sorec
Jerusalém
Azoto
Bet-Sames
821
Gat
Ascalon
Ceila
Montanhas de Judá
Laquis
1020
Gaza
Aduram
Saroen
Soco
909
Yurza
Rafia
Neguebe
SHASU
ENACITAS
Canaã
Sarom
Garu
Nurpi
Ziribasã
Astarot
Basã
Canat?
Dion?
Jarmuc
Abila
Edrai
Tob
Naziba?
Bosora
Abel?
1198
Amsã
Macraput?
Galaade
Jaboc
Gat-Eti?
1042
SHASU
SUTEUS
Aion?
943
Abel-Carmim
Bet-Aram
Nebo
Betel?
869
799
Abarim
-392 m
Mar Salgado/ Mar Morto
Dibon
Arnon
1065
Abel?
Jarut
Harcar?
Águas de Nemrim
EMIM
altitudes
acima de 1000 m
750 – 1000 m
500 – 750 m
200 – 500 m
0 – 200 m
abaixo de 0 m
localidade
Canaã nome de região
Hermon nome de monte ou montanha
412 monte com altitude em metros
Jordão nome hidrográfico
EMIM nome de tribo
0 10 20 30 40 50 km
© 2000 Editora Calwer, Stuttgart
100 120 140 35° 160 180 200 220 240 36° 260 280 300
340 320 300 280 33° 260 240 220 200 180 160 32° 140 120 100 080 060

Mapa 3

O êxodo

O mapa indica lugares egípcios no âmbito do delta, mencionados aqui como na Bíblia independentemente da datação dos respectivos textos. Além disso, mostra localidades identificáveis, percorridas durante a marcha de Israel pelo deserto até sua chegada ao lado leste do Jordão (de Êxodo até Deuteronômio). Foram inseridas também as regiões de exploração de minas na península do Sinai e na Arabá.

O caminho exato percorrido pelos israelitas continua não elucidado, uma vez que a tradição bíblica atual combina, aparentemente, diferentes camadas literárias com seus respectivos itinerários. Assim, uma tradição localiza a travessia pelo Mar dos Juncos junto aos Lagos Amargos, uma outra, no Lago Sirbônico. Uma terceira tradição bíblica identifica o "Mar do Juncos" com os Golfos de Suez e de Ácaba. Os diferentes percursos pressupostos pelos autores das diferentes fontes literárias devem ter-se orientado pelos caminhos usuais da região do Sinai. Por esse motivo foram inseridos os roteiros de estradas da época dos nabateus, oriundos do tempo de transição para a era comum. Trata-se dos percursos viários mais antigos na região que podem ser reconstruídos com alguma segurança. Mesmo que os nabateus tenham vivido mil anos após o evento do êxodo, é admissível que em suas viagens já se orientassem por caminhos conhecidos havia séculos. Conscientemente, pelos motivos apontados acima, não foi inserido no mapa um itinerário dos israelitas que emigraram do Egito.

Também a localização do Monte Sinai ou Horeb não foi esclarecida até hoje. O *Ǧebel Mūsā* (Monte de Moisés, em árabe) junto ao Convento de Santa Catarina, no sul da península do Sinai, só se comprova como lugar de romaria a partir do século IV a.(!)C. O percurso narrativo dos Livros de Gênesis a Deuteronômio sugere a localização do Monte Sinai na Península do Sinai. Uma tradição mais antiga (Dt 33,2 [Seir = Edom]; Jz 5,4; Hab 3,3; cf. Ex 3,1), porém, parece situar o Sinai no sul da Transjordânia, na região povoada pelos edomitas e madianitas (cf. mapa 4). Provavelmente o Sinai foi o lugar de culto original do Deus bíblico Iahweh. Com a edificação do templo salomônico em Jerusalém no século X a.C., o Sinai foi perdendo seu significado, por localizar-se em território de tribos rivais. Esse deve ter sido o motivo por que não se preservou a localização exata do monte sagrado. Esse dado permitiu que na reelaboração da tradição da saída do Egito, nos Livros de Êxodo até Deuteronômio, o Sinai pudesse ser situado na península que só mais tarde receberia o nome desse monte.

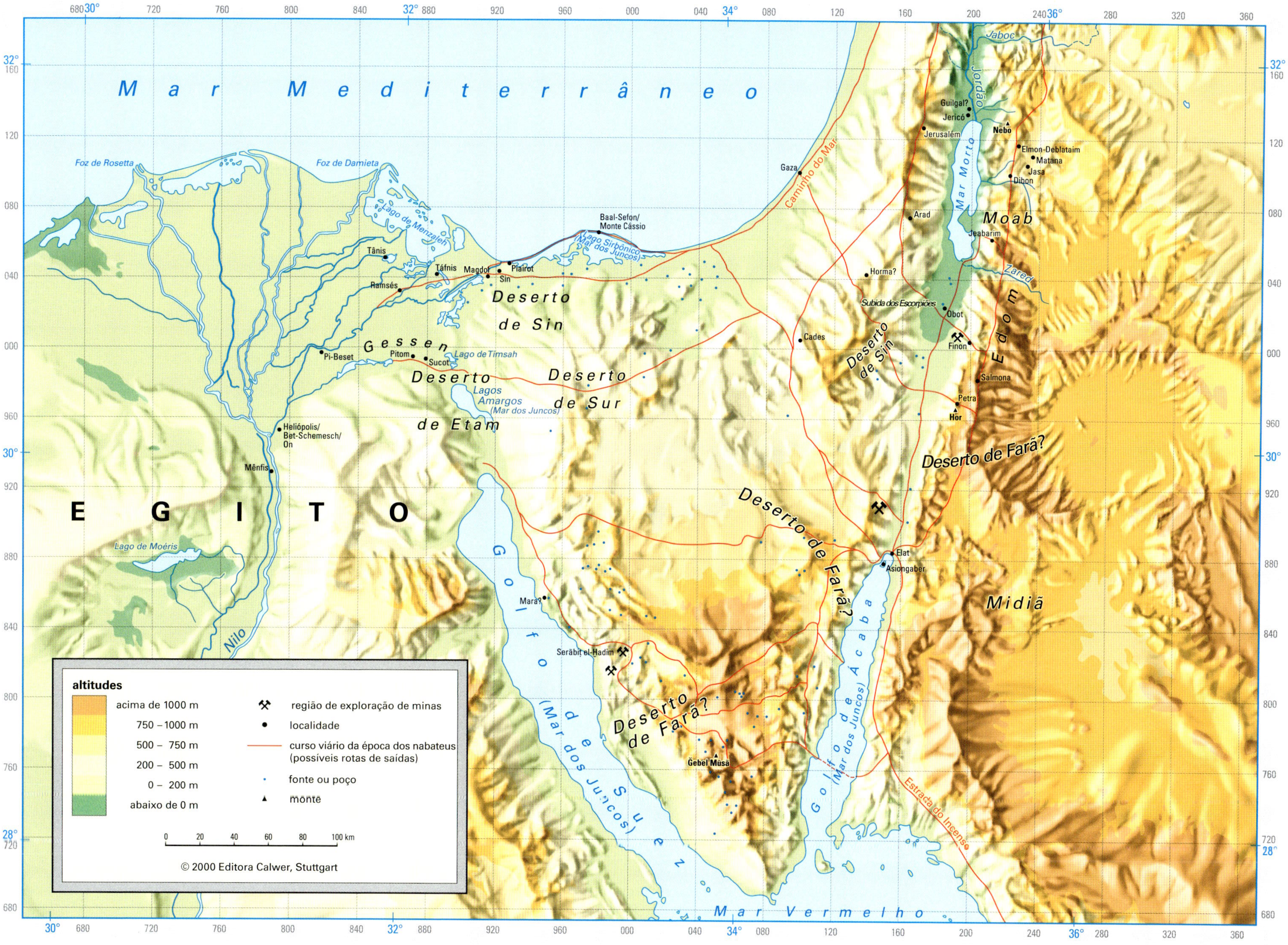
Mar Mediterrâneo
Foz de Rosetta
Foz de Damieta
Lago de Menzaleh
Tânis
Táfnis
Magdol
Piairot
Sin
Ramsés
Baal-Sefon/
Monte Cássio
Lago Sirbônico
(Mar dos Juncos)
Deserto de Sin
Gessen
Pi-Beset
Pitom
Sucot
Lago de Timsah
Deserto de Etam
Lagos Amargos
(Mar dos Juncos)
Deserto de Sur
Heliópolis/
Bet-Schemesch/
On
Mênfis
EGITO
Lago de Moéris
Nilo
Gaza
Caminho do Mar
Guilgal?
Jericó
Jerusalém
Jordão
Jaboc
Nebo
Mar Morto
Elmon-Deblataim
Matana
Jasa
Dibon
Arad
Moab
Jeabarim
Horma?
Zared
Subida dos Escorpiões
Obot
Cades
Deserto de Sin
Finon
Edom
Salmona
Petra
Hor
Deserto de Farã?
Deserto de Farã?
Elat
Asiongaber
Midiã
Mara?
Golfo de Suez
(Mar dos Juncos)
Serābīt el-Hadim
Deserto de Farã?
Gebel Mūsā
Golfo de Ácaba
(Mar dos Juncos)
Estrada do Incenso
Mar Vermelho
altitudes
acima de 1000 m
750 – 1000 m
500 – 750 m
200 – 500 m
0 – 200 m
abaixo de 0 m
região de exploração de minas
localidade
curso viário da época dos nabateus
(possíveis rotas de saídas)
fonte ou poço
monte
0 20 40 60 80 100 km
© 2000 Editora Calwer, Stuttgart

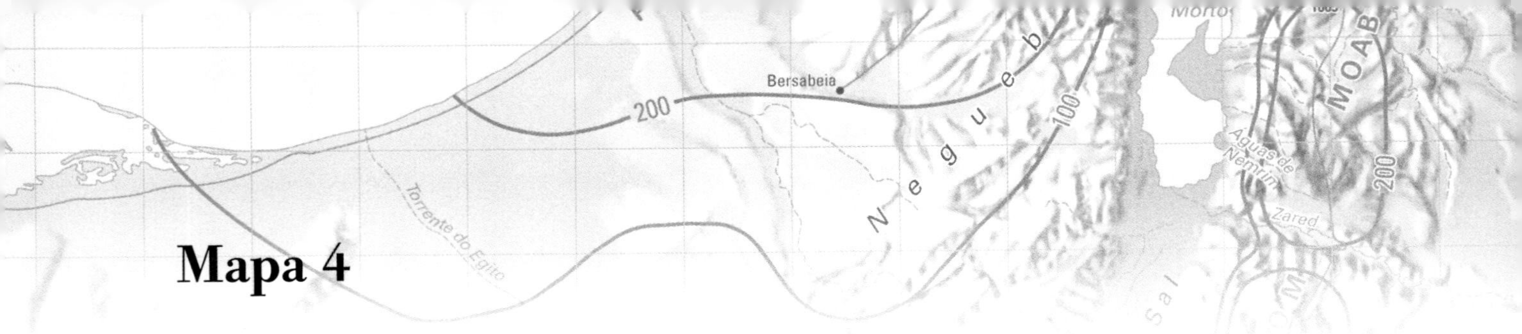

Mapa 4

O sistema tribal em Israel conforme Josué 13–21

Todas as localidades identificadas nesses capítulos são mostradas no mapa. A pesquisa veterotestamentária chegou à conclusão de que os lugares mencionados em Js 13–21 não correspondem aos povoados existentes durante a chamada tomada da terra. Esses capítulos foram inseridos somente no decorrer da redação final do Livro de Josué. A "tomada da terra" das diferentes tribos é entendida hoje como um processo que se deu no período aproximado entre 1250 e 1100 a.C., remontando às mais variadas causas. O Livro de Josué, redigido em um tempo consideravelmente distante dos eventos descritos, entendeu a tomada da terra como empreendimento bélico. O povo de Israel como um todo marchou terra adentro, expulsando os cananeus que nela habitavam. Parte-se, hoje, do pressuposto de que o grupo do êxodo, de número relativamente pequeno, formava uma tribo ou um clã que se integrou mais tarde na grandeza estatal Israel.

Sob o ponto de vista histórico, o chamado período da tomada da terra é tempo de profundas transformações e mudanças políticas. Assim, em 1180 a.C., os povos do mar, especialmente os filisteus, mencionados na Bíblia, foram assentados pelo faraó egípcio Ramsés III (1187-1156 a.C.) na região costeira palestinense. Com isso, uma parcela dos cananeus, habitantes originais da região, foi desalojada, fixando-se em outro lugar. Aparentemente foi uma época que sofreu, por várias vezes, o flagelo da fome, ameaçando a existência da população nômade e sedentária. Da mesma forma, também as rotas comerciais parecem ter entrado em colapso pelas mais diferentes causas, o que deve ter levado os habitantes citadinos, especializados no comércio, a buscarem novas fontes para sua subsistência. Tudo isso significou uma reconfiguração do modo de vida dos habitantes da Palestina. Muitas cidades do Bronze Recente foram abandonadas, enquanto surgiam pequenos povoados na região montanhosa, até então quase que desabitada; seus habitantes viviam da criação de gado de pequeno porte e da agricultura em reduzida escala. Essas localidades estavam interligadas por um sistema tribal. As diferentes tribos apoiavam-se mutuamente em situações de guerra e de outros flagelos.

Os diferentes lugares de Josué 13–21 assinalados neste mapa não se deixam enquadrar em um só período da história de Israel. As descrições das fronteiras nestes capítulos talvez provenham do século X a.C., do tempo salomônico, representando assim os territórios reivindicados pelas diferentes tribos no início de um reino governado por um único rei. A maioria dos nomes dos lugares tem sua origem no tempo tardio da monarquia (século VIII/VII a.C.). Com isso, o mapa oferece uma visão aproximada da história do povoamento durante esse tempo; essa lista de localidades maiores deve ser acrescida de outras aldeias que não aparecem em Josué 13–21, mas foram comprovadas arqueologicamente.

altitudes
acima de 1000 m
750 – 1000 m
500 – 750 m
200 – 500 m
0 – 200 m
abaixo de 0 m
localidade
Galaad nome de região
Hermon nome de monte ou montanha
588 monte com altitude em metros
Jordão nome hidrográfico
NEFTALI nome de tribo (em diferentes cores)
ABIEZER nome de clã
0 10 20 30 40 50 km
© 2000 Editora Calwer, Stuttgart
1 En-Gannim
2 Naalol
3 Daberet
4 Ceselet-Tabor
5 Dabaset
6 Ramá
7 Gabaá (em Benjamim)
8 Almon
9 Galim
10 Anatot
11 Águas de Neftoa
12 Queslon
13 En-Sames
14 Aen-Ganim
15 Bet-Sames
16 Ir-Sames
E. Enom (vale)
E.-R. En-Roguel
Ra. Rafaim (planície)
V. J. Vale de Jeftael
S. L. Sior Labanat
Mar Mediterrâneo
ARAM
MAACA
DÃ
NEFTALI
ASER
ZABULON
ISSACAR
MANASSÉS
GAD
AMON
EFRAIM
BENJAMIM
RÚBEN
JUDÁ
FILISTEUS
SIMEÃO
MOAB
EDOM
QUENITAS
CENEZEUS
HELEC
SEMIDA
ABIEZER
ASRIEL
ARQUITAS
JEFLATITAS
ENACITAS
AVA
Galileia
Basã
Galaad
Gessur
Negueb
Deserto de Sin
Carmelo
Líbano
Hermon
Sidônia
Tiro
Lago Hule
Mar de Quineret
-212 m
Jordão
Jaboc
Arnon
Zared
Mar Salgado/ Mar Morto
-392 m
Jerusalém
Jericó
Betel
Siquém
Hebron
Gaza
Ascalon
Jope
Bersabeia
Cades Barne
Heron?
Torrente do Egito
Subida dos Escorpiões
Rabá (dos amonitas)
Hesebon
Tabor
Ebal
Garizim
Dor
Meguido
Betsã
Dibon
Aroer
Medaba
Engadi
Arad

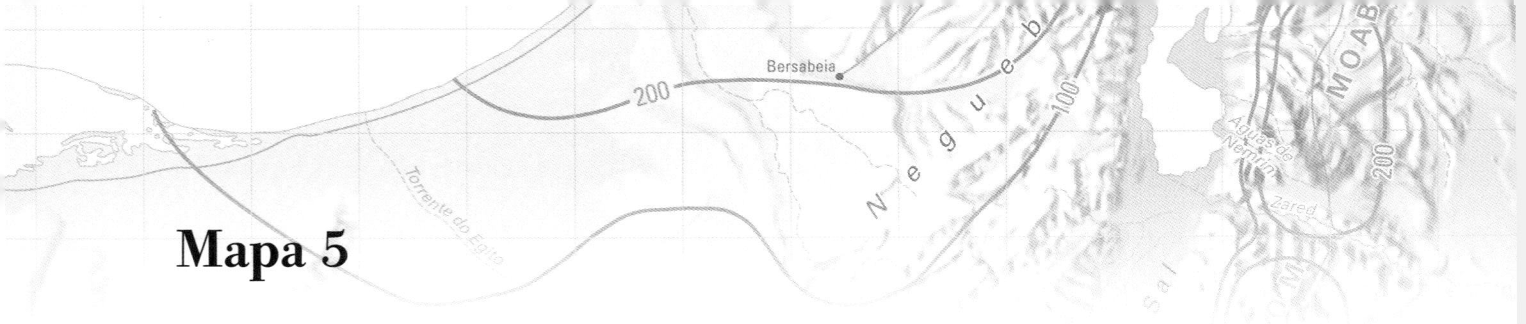

Mapa 5

O período dos juízes e dos primórdios da monarquia

O mapa abrange os lugares indicados nos Livros de Juízes, Josué (exceto os caps. 13–21), 1 e 2 Samuel e 1 Reis (até cap. 11). Sob o ponto de vista histórico, abarca-se, com isso, o espaço de tempo da chamada tomada da terra (quanto a isso, cf. a descrição do mapa 4) até a morte de Salomão, em 926 a.C.

Aos poucos, as tribos do norte se estabeleceram em seus territórios; o mesmo acontecera com Judá, menor em termos populacionais e situado à margem das principais artérias viárias. Os laços entre as tribos do norte fortificavam-se e elas se apoiavam mutuamente em caso de guerra. Em meio aos territórios das tribos, existiam cidades-Estado — como, por exemplo, Gazer, Ceila e Jerusalém — com administração autônoma, vivendo de forma independente. As tribos precisavam firmar seu poder militar, desafiadas para tanto por diferentes motivos: a) pela pressão militar exercida pelos filisteus na planície costeira e pelos demais povos do mar, dispostos a expandir seu território na direção leste; b) pelas disputas bélicas com outros povos vizinhos, o que levou ao surgimento de líderes militares com atribuições militares por tempo limitado. Os juízes, ao contrário, exerciam suas tarefas primeiramente no âmbito administrativo e judicial de suas próprias tribos (ainda sem abrangência supratribal!). Não demorou para que se sentisse, ao menos entre as tribos do norte, a necessidade de uma figura com liderança, além das fronteiras tribais, disposta a organizar ações militares das tribos do norte contra os povos do mar. O primeiro rei a conjugar funções militares com tarefas administrativas e judiciais foi Saul. Aproximadamente, na mesma época, Davi tornou-se rei no reino do sul, Judá. Após a morte de Saul, os líderes do reino do norte, Israel, pediram que Davi assumisse a dignidade real também sobre esse reino. Por um período de aproximadamente oitenta anos, Israel e Judá foram governados por um regente comum, desde que mereçam confiança os números, surpreendentemente arredondados, atribuindo quarenta anos tanto para Davi quanto para Salomão. A pujança de seu poder tinha limites, demonstrada expressamente através das listas dos portadores de cargos e funções em ambas as gestões (cf. 2Sm 8,16-18; 20,23-26; 1Rs 4,1-19).

Davi conquistou com sua milícia privada a cidade-Estado de Jerusalém, até então autônoma e situada entre as fronteiras dos reinos do norte e do sul, elevando-a à condição de capital dos reinos unidos. Foi-lhe possível também expandir o poder político e militar e obter o controle sobre os territórios vizinhos. O grande reino de Davi, assumido em grande parte por seu filho Salomão, aparece demarcado no mapa através de cores. Salomão parece ter tido menos interesse em demonstrar seu poder no plano da política externa; o fortalecimento cultural (desenvolvimento da tradição sapiencial) e a política de construção de prédios públicos (p. ex. o templo de Jerusalém) deveriam evidenciar seu poder. Para uma administração mais eficiente do reino, dividiu-o em doze distritos administrativos (cf. 1Rs 4,7-19), cujos contornos aproximados estão igualmente assinalados no mapa.

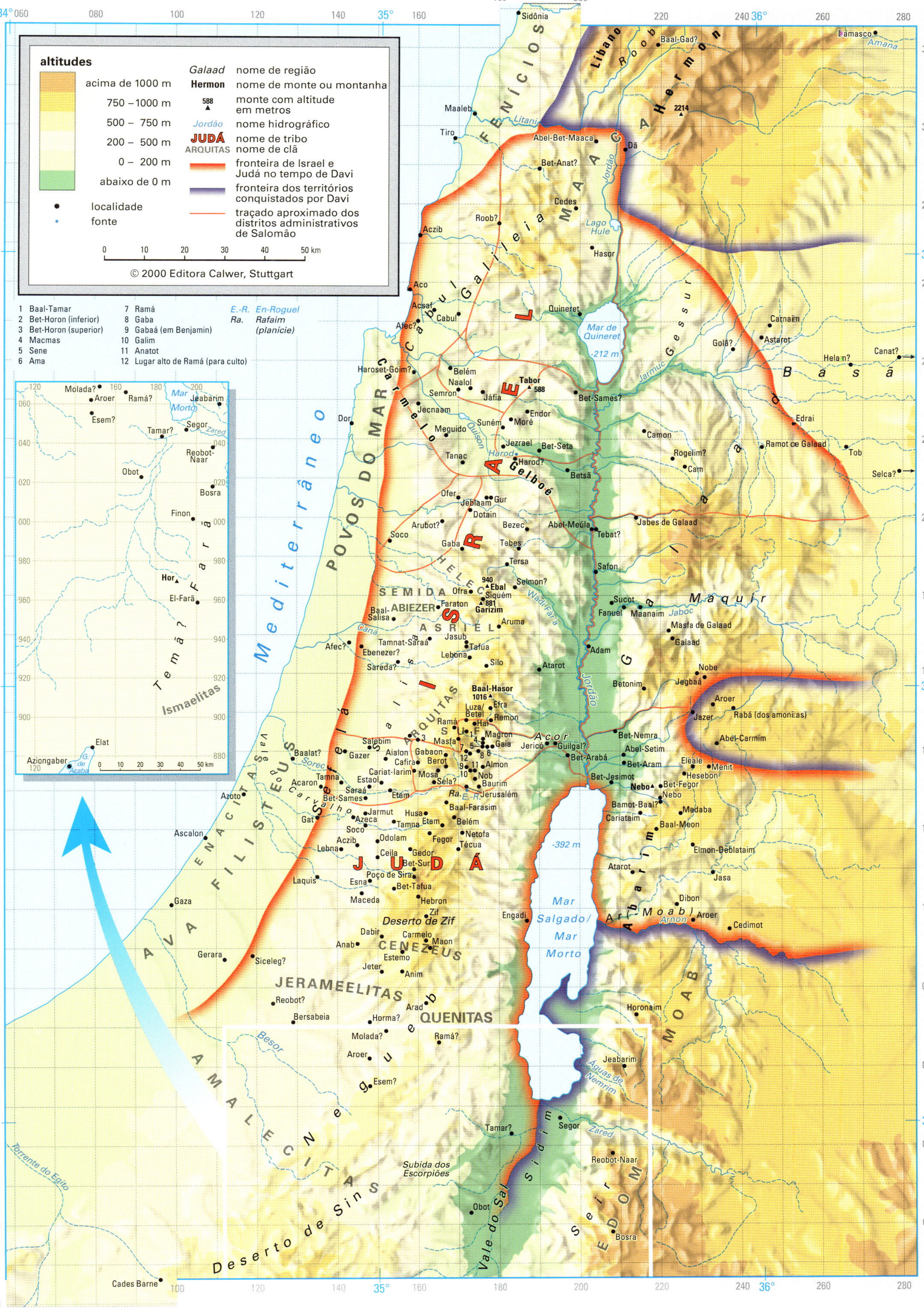
altitudes
acima de 1000 m
750 – 1000 m
500 – 750 m
200 – 500 m
0 – 200 m
abaixo de 0 m
localidade
fonte
Galaad nome de região
Hermon nome de monte ou montanha
588 monte com altitude em metros
Jordão nome hidrográfico
JUDÁ nome de tribo
ARQUITAS nome de clã
fronteira de Israel e Judá no tempo de Davi
fronteira dos territórios conquistados por Davi
traçado aproximado dos distritos administrativos de Salomão
0 10 20 30 40 50 km
© 2000 Editora Calwer, Stuttgart
1 Baal-Tamar
2 Bet-Horon (inferior)
3 Bet-Horon (superior)
4 Macmas
5 Sene
6 Ama
7 Ramá
8 Gaba
9 Gabaá (em Benjamin)
10 Galim
11 Anatot
12 Lugar alto de Ramá (para culto)
E.-R. En-Roguel
Ra. Rafaim (planície)
Mediterrâneo
POVOS DO MAR
FENÍCIOS
Sidônia
Tiro
Aco
Dor
Líbano
Hermon
Damasco
Galileia
Mar de Quineret
-212 m
Lago Hule
Jordão
I S R A E L
J U D Á
Gilboé
Carmelo
Tabor
Ebal
Garizim
Siquém
Basã
Gessur
Maacá
Galaad
Maquir
Jaboc
Rabá (dos amonitas)
Amon
Moab
Arnon
Edom
Seir
Mar Salgado/ Mar Morto
-392 m
Jerusalém
Belém
Hebron
Bersabeia
Gaza
Ascalon
Azoto
Gat
Acaron
Deserto de Zif
CENEZEUS
JERAMEELITAS
QUENITAS
AMALECITAS
Negueb
Deserto de Sin
Vale do Sal
Subida dos Escorpiões
Torrente do Egito
Cades Barne
FILISTEUS
Ismaelitas
Temã? Farã
Elat
Aziongaber
G. de Acaba

Mapa 6

Israel e Judá da divisão do reino até a queda de Israel

O mapa apresenta o período de 926 a.C. até 722 a.C., ano em que o reino do norte foi conquistado pelos assírios. Além dos textos basais dos Livros de Reis, foram considerados também textos proféticos do período e inscrições assírias.

Com a morte de Salomão, os reinos unidos desde Davi voltam à condição de monarquias independentes. Contudo, a tribo de Benjamim manteve-se no reino sulino Judá, fazendo com que a linha divisória fronteiriça entre norte e sul — inicialmente muita disputada — cruzasse a poucos quilômetros ao norte de Jerusalém. O já pequeno reino meridional Judá continuava à margem, distante das grandes rotas comerciais e, com isso, também longe dos interesses do poder político no Oriente Próximo. Apenas nos inícios do século VIII a.C., Judá pôde expandir-se para dentro do Negueb, passando a controlar na região o comércio do incenso oriundo da Arábia Saudita. Ao contrário, o reino do norte já no final do século X e no século IX se encontrava no centro dos acontecimentos políticos. Inicialmente, Israel estava envolvido em disputas bélicas com os arameus, perdendo parte de seu território na Transjordânia. Sob o governo dos reis Amri (882/878-871 a.C.) e Acab (871-852), melhoraram as relações comerciais com a Fenícia; basta lembrar que Acab casa com Jezabel, a filha do rei de Tiro. Em meados do século IX a.C., o reino assírio ampliou seu âmbito de influência até a Palestina. O rei Jeú (845-818 a.C.), do reino setentrional de Israel, foi forçado a pagar tributos aos assírios. Ao cancelar o pagamento de tributos, supondo períodos de enfraquecimento assírio (p. ex. após a sucessão ao trono), o rei assírio Teglat-Falasar III (745-727 a.C.), em novas campanhas militares, conquistou partes do território da Palestina. O traçado aproximado de suas campanhas militares está demarcado no mapa. No ano de 732 a.C., boa parte do reino do norte tornou-se província assíria; apenas o núcleo territorial mínimo de Efraim, na região montanhosa com o mesmo nome, ficou em mãos israelitas. Após um novo levante em 722 a.C., também Efraim acabou sendo conquistado. Com isso, o reino do norte, Israel, perdeu sua independência, sofrendo o despovoamento de seu território. Uma parte da camada dirigente foi deportada pelos assírios para a Mesopotâmia, outra parcela fugiu para o sul ou para regiões da Transjordânia em busca de nova pátria.

Enquanto no reino do sul Jerusalém permaneceu a sede da casa real, a capital do reino do norte mudou várias vezes. Primeiramente, Siquém desempenhou essa função. Após poucos anos de governo, o rei israelita Jeroboão I (926-907 a.C.) escapou para Fanuel diante da campanha militar empreendida na Palestina pelo faraó egípcio Sheshonq (945-924 a.C.). Terminada a atividade de saque dos egípcios, Jeroboão retornou à Cisjordânia, fazendo de Tersa a residência real. No reinado de Amri, construiu-se a Samaria, com a finalidade de ser a nova capital do reino. Jeroboão I edificou dois santuários para o reino do norte, um na fronteira norte em Dã e outro na do sul em Betel. Ambos estavam sob a administração do rei e serviam à adoração do Deus nacional, Iahweh. Com isso criou-se no reino do norte um santuário em substituição ao templo oficial em Jerusalém, este último situado no território de Judá.

altitudes
acima de 1000 m
750 – 1000 m
500 – 750 m
200 – 500 m
0 – 200 m
abaixo de 0 m
localidade
Galileia
nome de região
Hermon
nome de monte ou montanha
588
monte com altitude em metros
Jordão
nome hidrográfico
FENÍCIOS
nome de tribo
0 10 20 30 40 50 km
© 2000 Editora Calwer, Stuttgart
733
traçado de campanha assíria (com indicação de ano)
JUDA
nome de estado vassalo assírio
fronteira de província assíria
Damasco 732
nome de província assíria (com ano da fundação)
Sidônia
Sarepta
FENÍCIOS
Líbano
733, 734
Beceat-Áven?
Hermon
2214
Damasco
732
Damasco
Amana
Farfar
Maaleb
Aion
Janoe
Litani
Tiro
Hosa
Abel-Bet-Maaca
Jordão
Dã
733, 734
Lago Hule
Hasor
Galileia
Dor
Meguido
733
Quineret
Mar de Quineret
-212 m
Afec
Camaim
Carnaim
732
Basã
Gat-Ofer
Tabor
588
Carmelo
Jarmuc
Sunêm
Meguido
Quison
Jezrael
Ramot de Galaad
Sarom
733, 734
Bet-Gã
Jeblaam
Bet-Eced?
Dotain
Abel-Meúla
Tesbi?
Galaad
734
733
HELEC
SAMARIA
Samaria
Jasit
Tersa
Séfer
Cur
Assa
Haserot
940 Ebal
SEMIDA
ABIEZER
881
Siquém
Garizim
Elmatã
Beeraim
Baal-Salisa
Cana
Wadi Fara
Fanuel
Jaboc
Jasub
Adam
Mediterrâneo
ISAMARIA/EFRAIM
Baal-Hasor
1016
Jazer
Rabá (dos amonitas)
AMON
Betel
Aia?
Ramá
Gebeton
Masfa
Magron
Macmas
Acor
Jericó
Guilgal?
Gazer
Gabaon
Gaba
Ramá
Gabaá (em Benjamim)
Anatot
Abel-Setim
Eleale
Sorec
Gelim?
Nob
Jerusalém
Hesebon
Nebo
Acaron
Saraá
Azoto
Rafaim
Baal-Farasim
Bamot-Baal?
Medaba
Bet-Sames
Azeca
Cariataim
Gat
Belém
Baal-Meon
Ascalon
Odolam
Técua
Encosta de Sis
-392 m
Elmon-Deblataim
Morasti-Gat?
Lebna
Maresa
Bet-Sur
Atarot
Laquis
Bet-Leafra
Jasa
Cariot
Hebron
Mar Salgado/ Mar Morto
Aduram
Dibon
Gaza
Ar (-Moab)
Arnon
Aroer
MOAB
FILISTEUS
Sefelá
JUDÁ
Maon
Dimon
Horonaim
Arad
Bersabeia
Negueb
Quir
Luit
Águas de Nemrim
Quir
Luit
Mar Morto
Segor
Zared
Sela
Bosra
Edom
Vale do Sal
Seir
Temã?
Farã
Elat
Asiongaber
G. de Acaba
0 10 20 30 40 50 km

Mapa 7

A Palestina até a queda de Judá

O mapa descreve o período após a destruição do reino do norte em 722 a.C. até a conquista do reino do sul pelos babilônios em 587 a.C. Ao lado de localidades mencionadas em textos dos Livros de Reis e dos profetas tardios antes do exílio, foi inserida no mapa a chamada lista de fortificações de Roboão (926-910 a.C.), que consta em 2Cr 11,5-12. Essa deve datar do século VII a.C. (tempo de Josias?), apesar de Crônicas tê-la fixado em outro contexto histórico.

O norte de Israel sofreu um forte despovoamento causado pela conquista do reino e a transformação do reduzido estado de Efraim em província assíria (cf. mapa 6). Grande parte da população fugiu para o reino sulino Judá, causando lá um considerável aumento populacional e a expansão territorial em direção ao sul (cf. mapa 16a). O território de Judá teve, a partir de então, sua parte sul mais densamente povoada. O rei judaíta Ezequias (725-697 a.C.) procurou oferecer trabalho suficiente e alimento necessário à população, valendo-se de medidas estatais (a organização da cultura de vinhas e, por consequência, o comércio de vinho, o estabelecimento de empreendimentos rurais, a construção do chamado túnel de Ezequias em Jerusalém e a expansão da área urbana de Jerusalém). O abandono da condição de vassalo dos assírios provocou uma nova campanha militar de Senaquerib (705-681 a.C.) contra Judá em 701 a.C. O rei assírio destruiu boa parte das cidades na Sefelá (cf. mapa 2). Mandou representar sua conquista de Laquis num ciclo de imagens em relevo, colocadas na parede de seu palácio. Apesar de um sítio prolongado, ele não conseguiu tomar Jerusalém.

Manassés (696-642 a.C.), sucessor de Ezequias, esforçou-se, durante seu longo reinado, por manter bons contatos com os assírios no plano econômico e cultural, obtendo com isso um período de florescimento para Judá. No entanto, essa política de proximidade e de busca de apoio na Assíria suscitou internamente um movimento de oposição. Esse movimento procurava orientar-se mais firmemente na fé javista tradicional e opor-se decididamente ao pluralismo cultural.

O sucessor de Manassés foi seu filho Amon (641-640 a.C.). Quando este foi morto em uma conspiração, o povo colocou em seu lugar seu filho Josias (639-609 a.C.), com apenas 8 anos de idade. Durante seu reinado, o império assírio enfraqueceu-se cada vez mais. No ano 622 a.C., Josias, apoiado por representantes do movimento de oposição antiassíria, buscou libertar-se da dependência política do império e purificar as atividades de culto da alienação cultural. De base para as medidas da reforma (cf. 2Rs 22–23) servia o núcleo do Livro do Deuteronômio. Josias morreu em 609 a.C., junto a Meguido, na tentativa frustrada de fazer frente ao avanço do faraó egípcio Necao, quando este vinha apoiar os assírios contra os babilônios. Seu sucessor tornou-se Joacaz, mas foi deposto sumariamente pelos egípcios, que por breve tempo exerceram a soberania sobre a Palestina. Joaquim (608-598 a.C.) tornou-se o novo rei. No ano 605 a.C., os babilônios conquistaram a soberania da Palestina. Com o objetivo de livrar-se do jugo babilônico, Judá uniu-se a uma coalizão. Sob o reinado de Joaquin (598-597 a.C.), sucessor de Joaquim, Nabucodonosor tomou Jerusalém, após três meses de sítio, deportando a camada dominante para a Mesopotâmia. Em lugar de Joaquin, os babilônios entronizaram Sedecias (597-587 a.C.) como rei em Judá. Quando este rompe sua fidelidade à Babilônia, Nabucodonosor promove um segundo cerco da cidade de Jerusalém, destruindo-a por completo em 587 a.C. Com isso encerrou-se a existência autônoma de Judá.

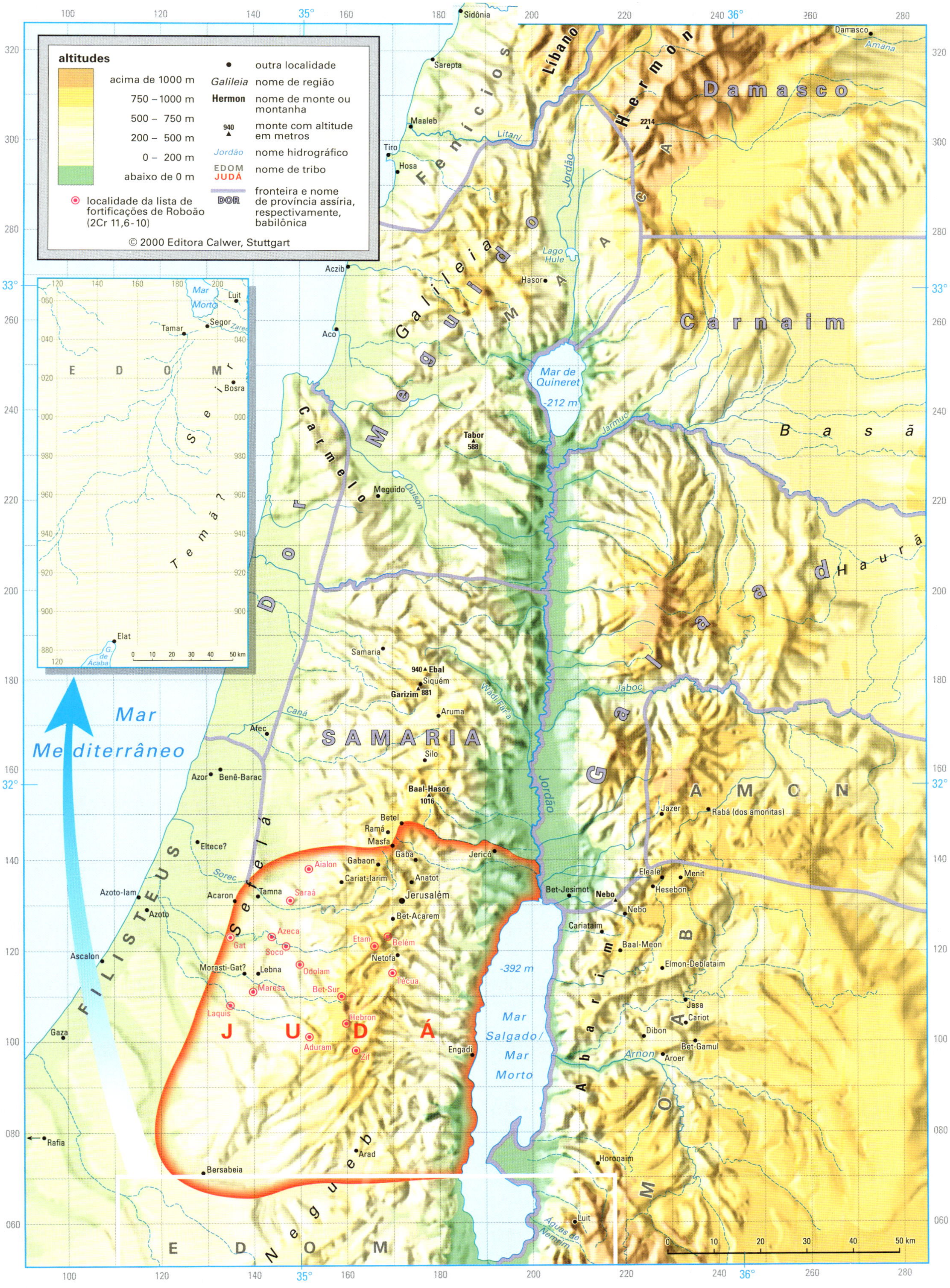
altitudes
acima de 1000 m
750 – 1000 m
500 – 750 m
200 – 500 m
0 – 200 m
abaixo de 0 m
localidade da lista de fortificações de Roboão (2Cr 11,6-10)
outra localidade
Galileia nome de região
Hermon nome de monte ou montanha
940 monte com altitude em metros
Jordão nome hidrográfico
EDOM JUDÁ nome de tribo
DOR fronteira e nome de província assíria, respectivamente, babilônica
© 2000 Editora Calwer, Stuttgart
Mar Morto
Luit
Segor
Zared
Tamar
E D O M
Bosra
S e i r
T e m ã ?
Elat
G. de Ácaba
0 10 20 30 40 50 km
Sidônia
Sarepta
Maaleb
Tiro
Hosa
Aczib
Aco
F e n í c i o s
Líbano
Litani
Jordão
H e r m o n
2214
Damasco
Amana
D a m a s c o
M A G I D D O
Lago Hule
Hasor
G a l i l e i a
C a r n a i m
Mar de Quineret
-212 m
Jarmuc
Tabor 588
B a s ã
C a r m e l o
M e g u i d o
Meguido
Quison
D o r
H a u r ã
G a l a a d
Samaria
940 Ebal
Siquém
Garizim 881
Wadi Far'a
Jaboc
Aruma
Caná
Afec
S A M A R I A
Silo
Mar Mediterrâneo
Azor
Benê-Barac
Baal-Hasor 1016
A M O N
Jazer
Rabá (dos amonitas)
Betel
Ramá
Masfa
Eltece?
S e f e l á
Aialon
Gabaon
Gaba
Jericó
Sorec
Cariat-Iarim
Anatot
Eleale
Menit
Azoto-Iam
Tamna
Saraá
Jerusalém
Bet-Jesimot
Nebo
Hesebon
Acaron
Azoto
Bet-Acarem
Nebo
F I L I S T E U S
Azeca
Etam
Belém
Cariataim
Gat
Soco
Netofa
Baal-Meon
Ascalon
Morasti-Gat?
Lebna
Odolam
Técua
-392 m
Elmon-Deblataim
Maresa
Bet-Sur
Laquis
Hebron
Jasa
Cariot
Mar Salgado/ Mar Morto
M O A B
A b a r i m
Gaza
J U D Á
Aduram
Zif
Engadi
Dibon
Bet-Gamul
Arnon
Aroer
Rafia
Arad
Horonaim
Bersabeia
N e g u e b
E D O M
Luit
Águas de Nemrim
0 10 20 30 40 50 km

Mapa 8

O império assírio

O mapa mostra a expansão máxima do império assírio, com proporções mundiais, e registra as localidades mais importantes daquele tempo, mencionadas em textos bíblicos e extrabíblicos. Foram inseridos também nomes de lugares de tempos mais antigos que se situam fora dos mapas da Palestina.

O reino neoassírio desenvolveu-se a partir de 935 a.C.; num primeiro momento, conseguiu assegurar suas fronteiras com relação à política externa e reorganizar a economia no interior do país. Nos reinados de Adadnirari II (912-891 a.C.) e Tukulti-Ninurta II (891-884 a.C.), os assírios expandiram seu território por meio de disputas bélicas com os babilônios, os arameus e os povos que viviam ao norte da Assíria. Assurbanipal II (883-858 a.C.) conseguiu, como primeiro governante neoassírio, avançar até o Mar Mediterrâneo. Estendeu o reino também para o norte, o sul e o leste. Seu filho Salmanasar III (858-824/3 a.C.), em diversas campanhas (entre outras em 853, 849, 848, 845, 841 a.C.), atacou os arameus e seus estados aliados na Síria. Da batalha de Carcar, em 853 a.C., na qual os assírios venceram uma coalizão siro-palestinense, também participou o rei israelita Acab (871-852 a.C.). No ano de 841 a.C., o rei israelita entregou seu tributo ao rei assírio. Após o reinado de Salmanasar, seguiu-se, inicialmente, um período de enfraquecimento dos assírios quanto à política externa.

Com Teglat-Falasar III (745-727 a.C.), inaugura-se uma nova fase de florescimento na história neoassíria. Após a submissão dos babilônios no sul e a realização de diversas campanhas contra Urartu/Ararat no norte, esse rei volta sua atenção, de forma crescente, para a Síria e a Palestina. De 743 a 740 a.C., ele sitia e conquista Arfad, no norte da Síria. Após o insucesso do levante de uma coalizão siro-palestinense, tornam-se tributários da Assíria, a partir de 738 a.C., os príncipes de Carquemis, Damasco, Israel (rei Manaém, 747-738 a.C.), Tiro, Biblos e Arábia. No decorrer das campanhas militares de Teglat-Falasar nos anos de 734 a 732 a.C. em direção ao sul da Síria e à Palestina (cf. mapa 6), ele transformou parte do reino do norte, Israel, em província assíria; também Judá, até então situada à margem dos interesses histórico-internacionais, passou a pagar tributo. Seu filho Salmanasar V (727-722 a.C.) promoveu o cerco da Samaria e, após sua morte, seu sucessor, Sargon (722-705 a.C.), finalmente a conquistou. Também foi Sargon quem conseguiu incorporar Urartu/Ararat ao reino da Assíria. Além disso, dedicou-se à ampliação de sua nova capital, Dur Sharukkin (fortificação de Sargon), ao norte de Assur.

Senaquerib (705-681 a.C.) teve que empreender outra campanha contra o Judá rebelde em 701 a.C. Apesar de grandes sucessos em toda a terra de Judá, não pôde tomar a capital, Jerusalém. Contudo, ele foi bem-sucedido em diversas campanhas contra a Babilônia. Na Assíria, ampliou a cidade de Nínive para tornar-se a nova capital.

O território assírio expandiu-se até o delta do Nilo sob o governo de Asaradon (681-669 a.C.). Assurbanipal (ca. 669-630 a.C.) conseguiu até tomar, temporariamente, Tebas (= Nô-Amon) no Egito. Contudo, problemas de ordem interna e de política externa levaram ao enfraquecimento do império assírio, que conseguiu manter-se só por pouco tempo após a morte de Assurbanipal.

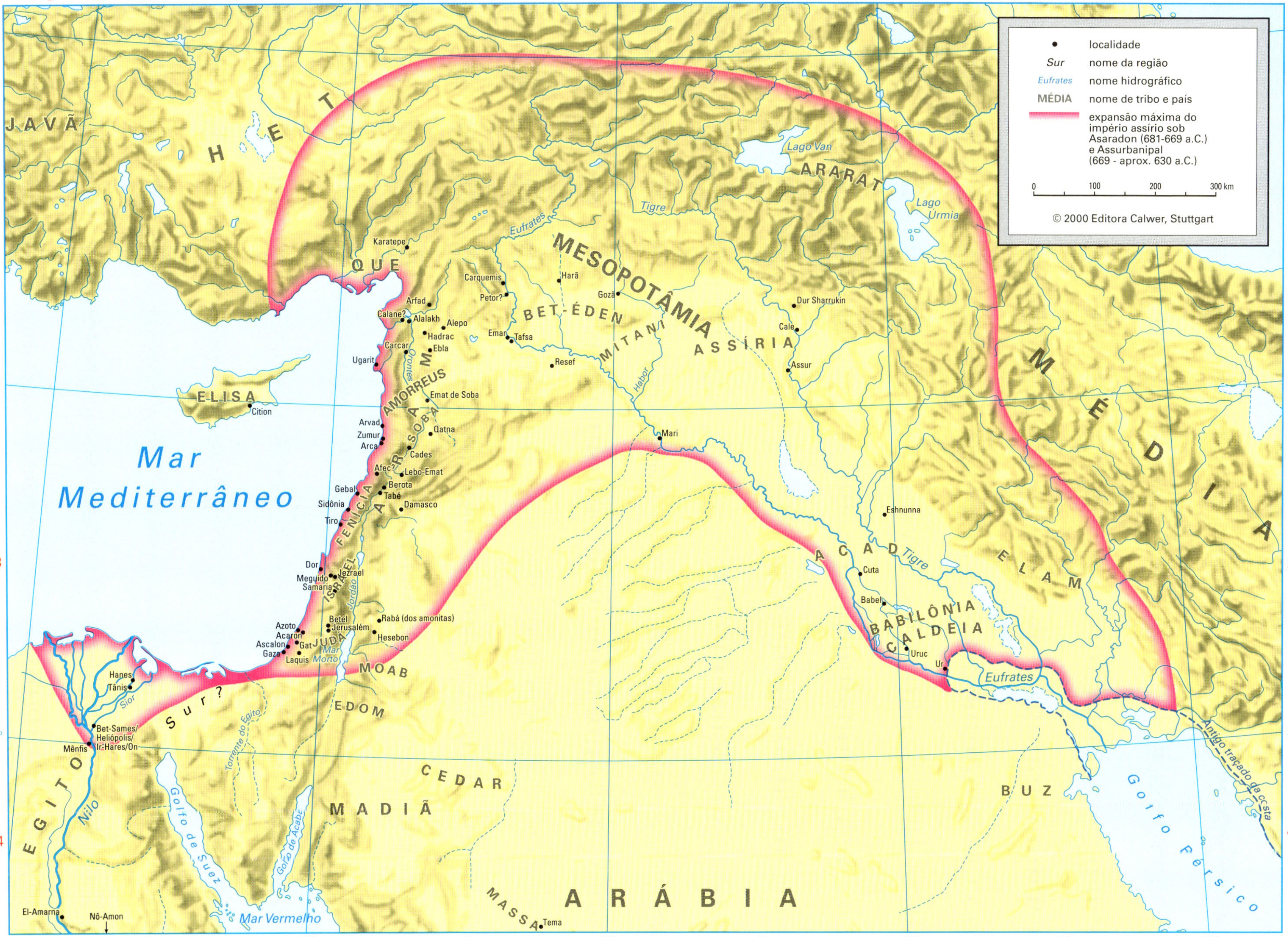
localidade
Sur nome da região
Eufrates nome hidrográfico
MÉDIA nome de tribo e país
expansão máxima do império assírio sob Asaradon (681-669 a.C.) e Assurbanipal (669 - aprox. 630 a.C.)
0 100 200 300 km
© 2000 Editora Calwer, Stuttgart
Mar Mediterrâneo
JAVÃ
HET
QUE
ELISA
Cition
Karatepe
Carquemis
Petor?
Arfad
Calane?
Alalakh
Alepo
Hadrac
Carcar
Ebla
Ugarit
Orontes
AMORREUS
Emat de Soba
Arvad
Zumur
Arca
Qatna
SOBA
ARÃ
Cades
Afec?
Lebo-Emat
Gebal
Berota
Tabé
Sidônia
Damasco
Tiro
FENÍCIA
Dor
Jezrael
Meguido
Samaria
ISRAEL
Jordão
Betel
Rabá (dos amonitas)
Jerusalém
Azoto
Acaron
Hesebon
Ascalon
Gat
JUDÁ
Gaza
Laquis
Mar Morto
MOAB
EDOM
Hanes
Tânis
Sior
Sur ?
Bet-Sames/ Heliópolis/ Ir-Hares/On
Mênfis
EGITO
Nilo
El-Amarna
Nô-Amon
Torrente do Egito
Golfo de Suez
Golfo de Acabe
Mar Vermelho
CEDAR
MADIÃ
MASSA
Tema
ARÁBIA
BUZ
Eufrates
MESOPOTÂMIA
Harã
Gozã
BET-ÉDEN
Emar
Tafsa
MITANI
Resef
Habor
ASSÍRIA
Dur Sharrukin
Cale
Assur
Mari
Tigre
Lago Van
ARARAT
Lago Urmia
MÉDIA
Eshnunna
ACAD
Cuta
Babel
BABILÔNIA
CALDEIA
Uruc
Ur
ELAM
Antigo traçado da costa
Golfo Pérsico
D
E
F
G
H
I
1
2
3
4
30°
35°
40°
45°
50°

Mapa 9

O império babilônico

Abrange a extensão máxima do território de domínio dos babilônios. Neste mapa, consta a localização dos lugares bíblicos e extrabíblicos mais importantes desse período.

Os medos e os babilônios se uniram e conquistaram Assur em 614 a.C. e a capital assíria, Nínive, em 612 a.C. Em seguida, essa coalizão compeliu os assírios a recuar para o ocidente, derrotando, finalmente, o rei assírio Assurbalit II (612-605 a.C.). No ano 607 a.C., em Carquemis, os babilônios aniquilaram o exército egípcio que viera em socorro dos assírios. Com isso, o acesso à Síria estava livre para os babilônios, assumindo a soberania de grande parte do Levante, até então pertencente aos assírios e, temporariamente, aos egípcios. O rei babilônico Nabucodonosor (605-562 a.C.) partiu em campanha militar para o ocidente, logo após sua ascensão ao trono. Destruiu Ascalon em 604 a.C., bloqueando, assim, aos egípcios o acesso direto à Palestina. Chegou a atacar o Egito em 601 a.C., sem, no entanto, obter êxito. Numa nova campanha na Palestina, ele conquistou pela primeira vez Jerusalém, em 597, rebelde em relação à Babilônia. A camada dirigente de Jerusalém, integrada também pelo profeta Ezequiel, foi deportada para a Mesopotâmia. Numa segunda incursão militar contra Jerusalém, em 587 a.C., provocada por uma nova rebelião de Judá, a capital judaíta foi destruída completamente. Com isso também Judá perdeu sua condição de estado independente.

Em 590 a.C., os medos puderam conquistar o reino de Urartu/Ararat e, assim, firmar sua hegemonia na região montanhosa ao norte da Mesopotâmia. A morte de Nabucodonosor suscitou inquietações internas na Babilônia. Apenas Nabônides (556-539 a.C.) conseguiu novamente preservar sua dignidade real por um período mais longo, embora o auge do poder babilônico já tivesse passado. No interior do núcleo territorial babilônico, Nabônides dedicava-se a programas de construção de caráter religioso. Ao perceber que não controlaria mais as tensões internas de seu reino, entregou o poder na Babilônia ao príncipe herdeiro Belshazar (na Bíblia Baltazar, Belsazar), em 548 a.C. Ele mesmo retirou-se para o oásis arábico Tema, durante o resto de seu reinado.

Em 539, os persas surgiram como novo poder político (cf. mapa 10); invadiram a Babilônia, instigados pelos sacerdotes da capital, hostis em relação ao rei Nabônides. Com essa tomada da capital, sem que alguém oferecesse resistência ao rei persa Ciro II, o império neobabilônico teve seu fim decretado.

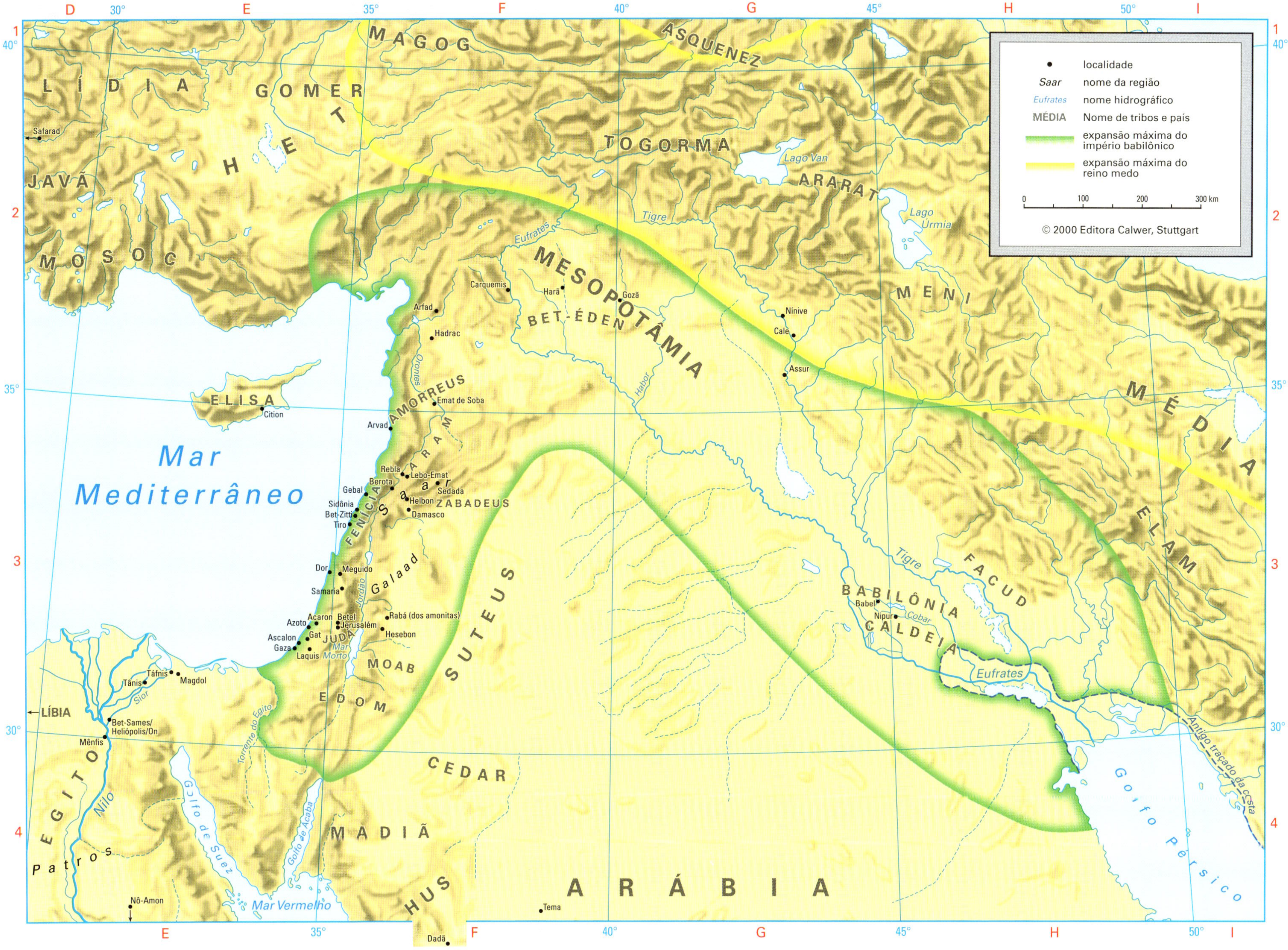
localidade
Saar nome da região
Eufrates nome hidrográfico
MÉDIA Nome de tribos e país
expansão máxima do império babilônico
expansão máxima do reino medo
0 100 200 300 km
© 2000 Editora Calwer, Stuttgart
MAGOG
ASQUENEZ
LÍDIA
GOMER
HET
TOGORMA
Lago Van
ARARAT
Lago Úrmia
Tigre
Eufrates
JAVÃ
Safarad
MOSOC
MESOPOTÂMIA
BET-ÉDEN
Carquemis
Harã
Gozã
Nínive
Cale
Assur
MENI
MÉDIA
ELAM
Habor
Arfad
Hadrac
Orontes
AMORREUS
Emat de Soba
ELISA
Cition
Arvad
ARAM
Mar Mediterrâneo
Rebla
Lebo-Emat
Berota
Sedada
Gebal
Sidônia
Bet-Zitti
Tiro
Helbon
ZABADEUS
Damasco
FENÍCIA
Saar
Dor
Meguido
Galaad
Samaria
Jordão
Azoto
Acaron
Betel
Jerusalém
Rabá (dos amonitas)
Hesebon
Ascalon
Gat
JUDÁ
Gaza
Laquis
Mar Morto
MOAB
SUTEUS
EDOM
Tânis
Táfnis
Magdol
Sior
LÍBIA
Bet-Sames/ Heliópolis/On
Mênfis
Torrente do Egito
EGITO
Nilo
Patros
Golfo de Suez
Golfo de Acaba
Mar Vermelho
Nô-Amon
CEDAR
MADIÃ
HUS
Dadã
Tema
ARÁBIA
BABILÔNIA
Babel
Nipur
Cobar
CALDEIA
FACUD
Golfo Pérsico
Antigo traçado da costa
D
E
F
G
H
I
30°
35°
40°
45°
50°
1
2
3
4

Mapa 10

O império persa

O mapa descreve a extensão máxima do território dominado pelos aquemênidas ou persas. Fora da Palestina, também foram inseridas todas as localidades encontradas em escritos tardios, especialmente nos Livros dos Macabeus e em outros escritos do Antigo Testamento.

O rei persa Ciro II (559-530 a.C.), ainda vassalo meda nos inícios de seu governo, conseguiu tomar a capital meda, Ecbátana, em 549 a.C. Este foi o ponto de partida para a configuração de um império com proporções sem precedentes. Ele invadiu a Anatólia em 546 a.C., vencendo o rei da Lídia, Creso. Com a conquista da Babilônia, em 539 a.C., Ciro assumiu o império babilônico. Diferentemente dos assírios e babilônios, ele buscava em grande medida uma política de tolerância em relação aos povos subjugados. Para os judeus, assentados na Mesopotâmia, a conquista da Babilônia realizava a esperança de um possível retorno à terra prometida. Na realidade, esse retorno se realizaria, a passos lentos, por um período de aproximadamente cem anos.

A Cambises II (530-522 a.C.) coube a conquista do Egito, em 525 a.C., estendendo, com isso, o império persa também para essa direção. O império atingiu seu auge no reinado de Dario I (522-486 a.C.). Este reorganizou o território todo, em 520 a.C., dividindo-o em vinte satrapias (distritos administrativos). O território siro-palestinense, ao sul do Eufrates, abrangia a quinta satrapia, enquanto o Egito constituía a sexta. No ano 513 a.C., ele expandiu o império em direção ao norte, derrotando os citas. A expansão em direção ao ocidente chegou até a Trácia e a Macedônia. Dario morreu em meio a lutas com os gregos, que se opunham à conquista persa. Seu filho Xerxes I (486-465/4 a.C.) conseguiu primeiramente a conquista de Atenas e o saque da acrópole. Contudo, no transcurso dos demais embates bélicos, os persas sofreram pesadas derrotas em terra e mar. Um tratado de paz estabeleceu com exatidão os territórios persas e gregos.

Durante o governo de Dario II (424-404 a.C.), foi destruído, em 410 a.C., o templo dedicado a Iahweh, situado na ilha do Nilo, Elefantina, e pertencente à colônia militar judaica do Egito. A reconstrução do templo só foi autorizada aos judeus de Elefantina através de correspondência mantida com o sacerdócio de Jerusalém.

Em 404 a.C., o Egito se libertou da soberania persa. Somente Artaxerxes III (359/8-338 a.C.) conseguiu mais uma vez exercer o controle sobre o Egito (até 332 a.C.).

No ano 338 a.C., Filipe da Macedônia conquistou a hegemonia na Grécia. Seu filho Alexandre Magno (336-323 a.C.) conseguiu unir sob seu poder toda a estrutura estatal grega. Ele conquistou, primeiramente, as cidades do litoral da Ásia Menor, em 334 a.C.; derrotou o rei persa Dario III (336-331 a.C.) em Issos, no ano 333 a.C. A partir daí, Alexandre tornou-se o novo dominador da Síria, Palestina e também do Egito. Junto ao Rio Tigre, ele derrotou de forma definitiva Dario III; conquistou a Babilônia, Persépolis e Susa, destroçando com isso o império persa.

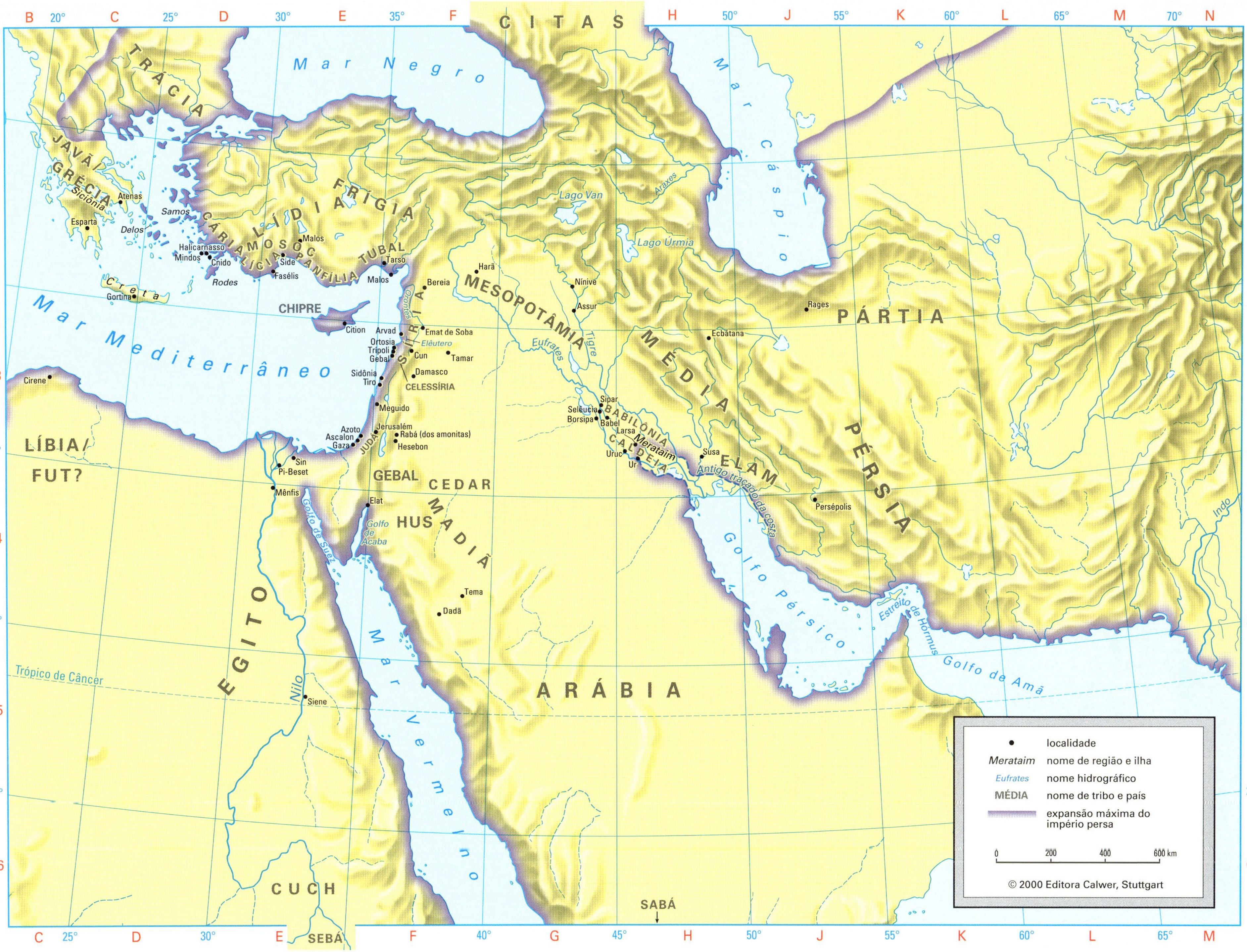
CITAS
TRÁCIA
JAVÃ/GRÉCIA
Siciônia
Atenas
Esparta
Samos
Delos
Creta
Gortina
Halicarnasso
Mindos
Cnido
Rodes
CÁRIA
LÍDIA
FRÍGIA
MOSOC
LÍCIA
PANFÍLIA
TUBAL
Malos
Side
Fasélis
Tarso
CHIPRE
Cition
Mar Negro
Mar Cáspio
Mar Mediterrâneo
Cirene
LÍBIA/
FUT?
Lago Van
Lago Urmia
Araxes
Harã
Bereia
SÍRIA
Orontes
Emat de Soba
Arvad
Ortosia
Trípoli
Gebal
Eléutero
Cun
Tamar
Damasco
Sidônia
Tiro
CELESSÍRIA
Meguido
Azoto
Ascalon
Gaza
Jerusalém
Rabá (dos amonitas)
Hesebon
JUDÁ
Sin
Pi-Beset
Mênfis
GEBAL
CEDAR
HUS
MADIÃ
Elat
Golfo de Acaba
Golfo de Suez
Tema
Dadã
MESOPOTÂMIA
Nínive
Assur
Eufrates
Tigre
Sipar
Selêucia
Borsipa
Babel
BABILÔNIA
Larsa
Merataim
CALDEIA
Uruc
Ur
Susa
ELAM
Antigo traçado da costa
MÉDIA
Ecbátana
Rages
PÁRTIA
PÉRSIA
Persépolis
Indo
Golfo Pérsico
Estreito de Hormus
Golfo de Amã
ARÁBIA
SABÁ
Mar Vermelho
EGITO
Nilo
Siene
Trópico de Câncer
CUCH
SEBÁ
localidade
Merataim nome de região e ilha
Eufrates nome hidrográfico
MÉDIA nome de tribo e país
expansão máxima do império persa
0 200 400 600 km
© 2000 Editora Calwer, Stuttgart

Mapa 11

A província persa de Judá
A tabela dos povos de Gênesis 10

Mapa 11a: Em 538 a.C., deu-se a possibilidade do retorno do exílio babilônico (cf. o Edito de Ciro, Esd 1,2-4). Inicialmente, dos judeus assentados na Mesopotâmia, retornaram apenas alguns poucos. Somente a partir de 520 a.C., o número dos que retornavam à terra dos pais foi crescendo; o retorno se estenderia por toda a década seguinte. Muitos dos deportados haviam construído uma nova base para sua existência na Mesopotâmia e não tinham nenhuma razão urgente para voltar à terra devastada de seus antepassados. A camada dirigente na diáspora mesopotâmica havia desenvolvido uma autoconsciência autônoma e uma teologia marcada por concepções sacerdotais. Essa visão de mundo batia de frente com outra existente na Palestina, com seu imaginário teológico desenvolvido na camada inferior, ainda residente na mesma região. Com isso, o retorno dos exilados não só causou confrontos no âmbito econômico e social, mas gerou também conflitos religiosos. Nas primeiras décadas do domínio persa, Judá esteve politicamente subordinado ao governador da Samaria. O território de Judá foi reduzido sensivelmente, se comparado ao tempo pré-exílico; ao sul, a área só se estendia até Bet-Sur. Em 520 a.C., iniciou-se em Jerusalém a construção do templo a ser erguido na área do santuário, destruído em 587 a.C.; sua conclusão deu-se em 515 a.C. Neemias atuou como governador em Jerusalém, de 445 a 433 a.C., investido no cargo pelo rei persa. Realizou algumas reformas religiosas e econômicas, organizou a reconstrução das muralhas da cidade e levou a efeito a autonomia da província Yehud/Judá.

No mapa 11a, foram inseridas as localidades mencionadas nos livros proféticos daquele tempo, nos Livros de Esdras e Neemias, além daquelas que constam nos dois Livros de Crônicas (excluindo as de 2Cr 11,5-12), e não se encontram na tradição paralela da Obra Historiográfica Deuteronomística. Via de regra, trata-se de uma nominata oriunda do período pós-exílico.

Mapa 11b: A tabela dos povos de Gênesis 10 é um compósito de textos de diferentes origens e datações. Um núcleo básico forma a versão do Escrito Sacerdotal (cf. Gn 10,1-7.20.22-23.26-29.30-32), distribuindo todo o território do Oriente Próximo entre os descendentes dos três filhos de Noé: Sem, Cam e Jafé. Fundamental para a respectiva classificação foi a pertença a diferentes famílias linguísticas e grandezas geopolíticas. A totalidade do mundo de então quer ser evidenciada, através dessa tabela dos povos do Escrito Sacerdotal, como realidade organizada. Ela é combinada com listas mais antigas, organizadas de forma semelhante, bem como complementada de acréscimos avulsos e mais recentes. O texto de Gênesis 10 como um todo reflete saber geográfico de eruditos na Bíblia, sendo, com isso, testemunho de ciência na Antiguidade.

A província persa da Judeia

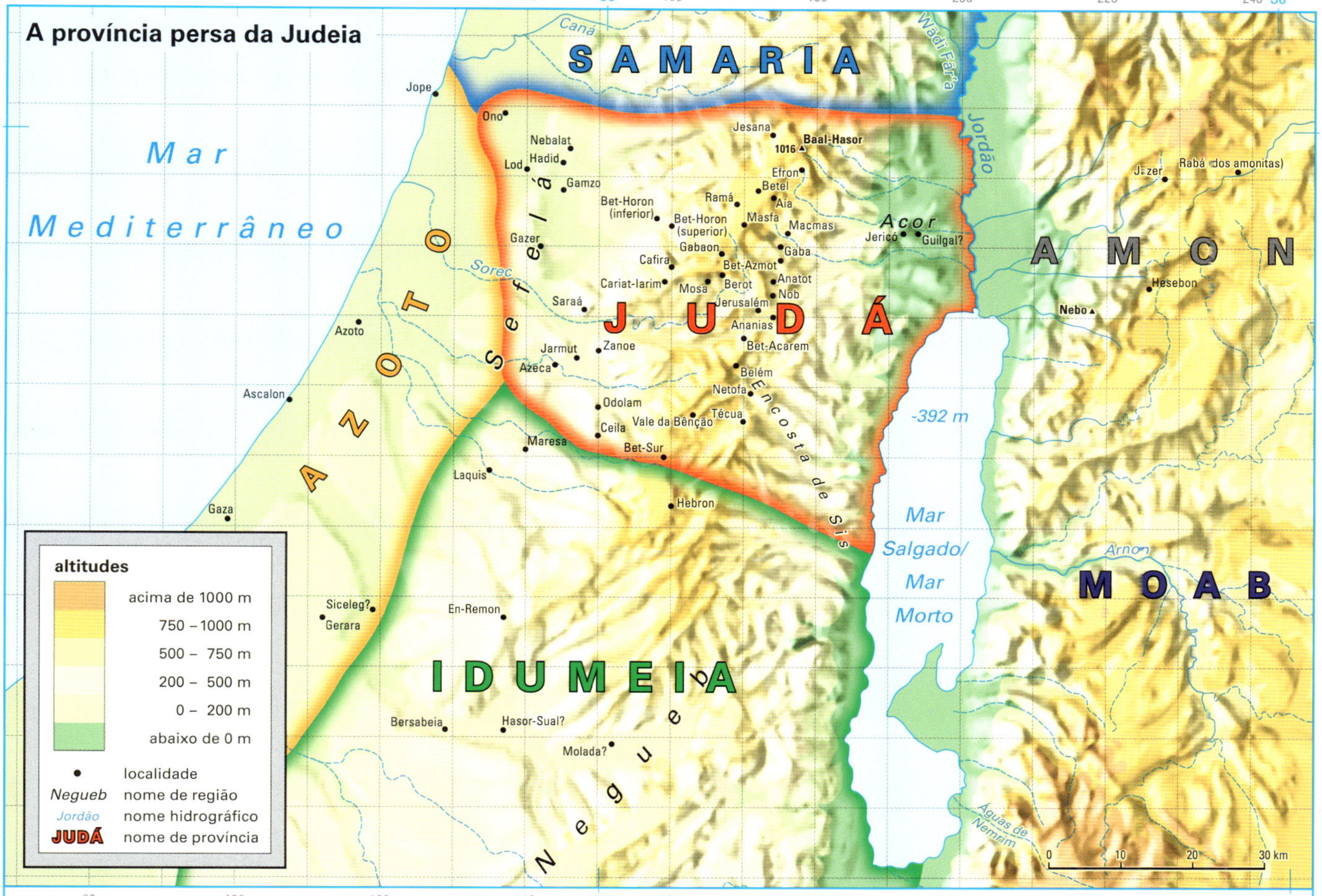

O quadro dos povos de Gn 10

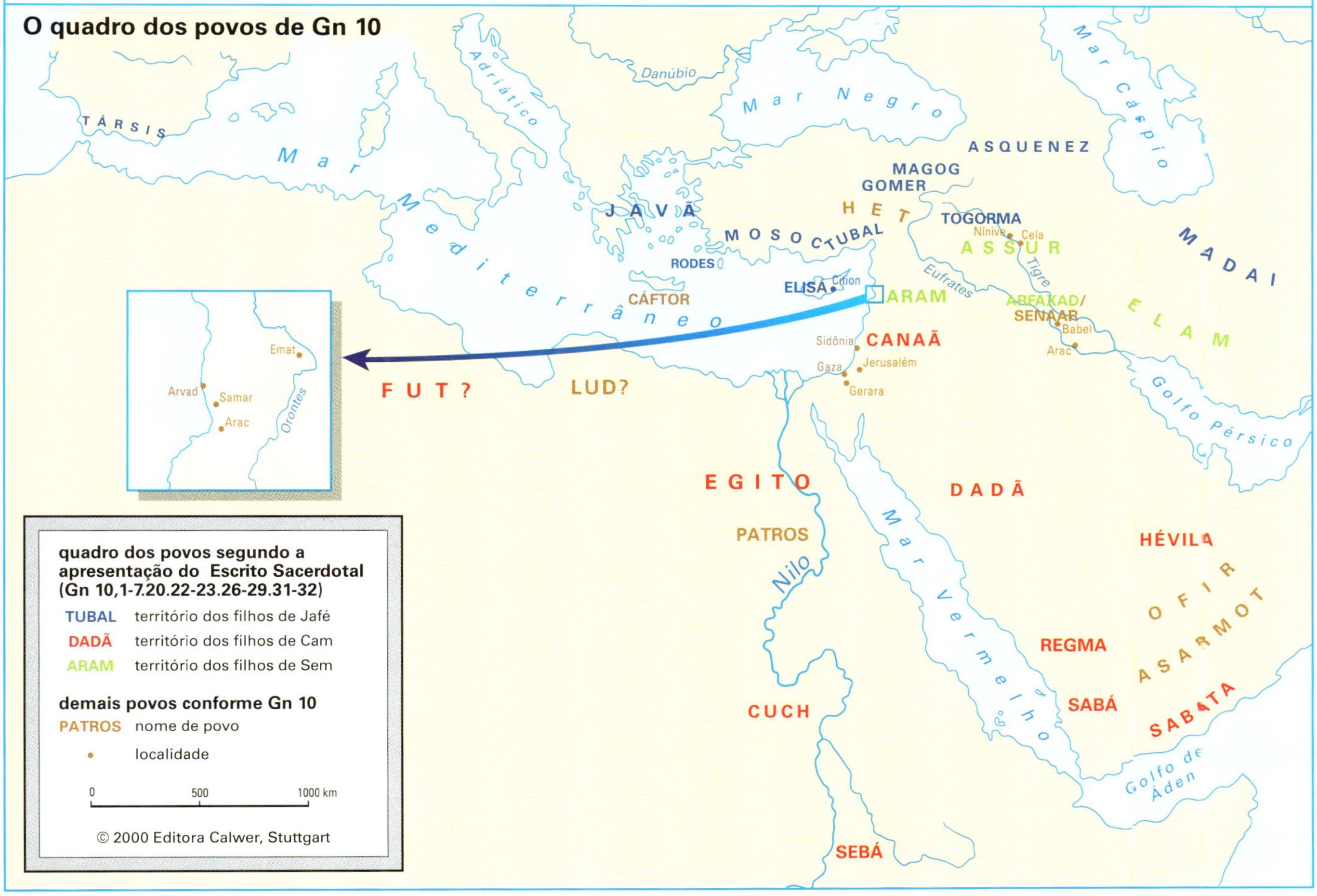

Mapa 12

A Palestina no período selêucida e macabeu

O mapa quer dar uma visão panorâmica sobre o desenvolvimento do período tardio do século III até o século I a.C. Foram registradas as localidades dos livros intertestamentários e dos papiros de Zenon. Bem demarcada está a expansão crescente do território sob o domínio dos macabeus.

Após a morte de Alexandre Magno em 323 a.C., seu grande império foi dividido entre seus generais. Egito, Celessíria (da qual também a Judeia fazia parte) e Fenícia couberam aos ptolomeus, enquanto os selêucidas governaram a Mesopotâmia e a Pérsia. Nos anos de 259-258 a.C., Zenon, um funcionário administrativo a serviço do ministro de finanças egípcio, empreendeu uma viagem à Palestina. Os papiros preservados de sua correspondência permitem ter uma visão da situação econômica da Palestina daquela época. Sob o aspecto cultural, pode-se observar uma crescente helenização, especialmente da elite urbana.

Em 199-198 a.C., os ptolomeus perderam a Judeia para os selêucidas. Antíoco IV Epífanes (175-164 a.C.) empreendeu outra campanha militar contra os ptolomeus em 170-169 a.C, conquistou o baixo Egito, fazendo-se coroar rei do Egito. No retorno, invadiu Jerusalém, transformou o altar do templo em altar dedicado ao deus grego Zeus Olímpico, levando como saque os tesouros do templo para Antioquia. Antíoco IV proibiu a fé javista tradicional e aboliu a Torá como constituição do estado hierocrático. Com isso, ele pretendia consolidar o partido pró-helenístico, sustentado principalmente por parte da camada sacerdotal dominante e favorável a uma abertura cultural e religiosa do Judaísmo. Isso suscitou dentro do Judaísmo um movimento de revolta, liderado primeiramente por Matatias (167-166 a.C.) e depois por seu filho Judas Macabeu ("o martelo", 166-160 a.C.). Em 165 a.C., Judas conseguiu uma primeira vitória sobre os exércitos selêucidas, ocupou o templo e procedeu à purificação e à nova dedicação do templo. Em meio a duros embates com judeus pró-helenísticos e contando com o apoio de disputas internas entre os selêucidas, os macabeus conseguiram de forma crescente o controle da Judeia.

No ano 141 a.C., a assembleia popular reconhecera Simão Macabeu (142-134 a.C.) como "sumo sacerdote e etnarca", um título já conferido pelos selêucidas no ano anterior. Com isso os hasmoneus, nome para os macabeus desde então, representaram a dinastia sacerdotal e régia da Judeia, isto é, foram responsáveis pela condução religiosa, bem como pela política. Essa formação dinástica subsistiu até a ascensão ao poder de Herodes Magno, em 37 a.C. Desde essa época, o reino se expandiu em todas as direções, assumindo crescentemente traços bélicos.

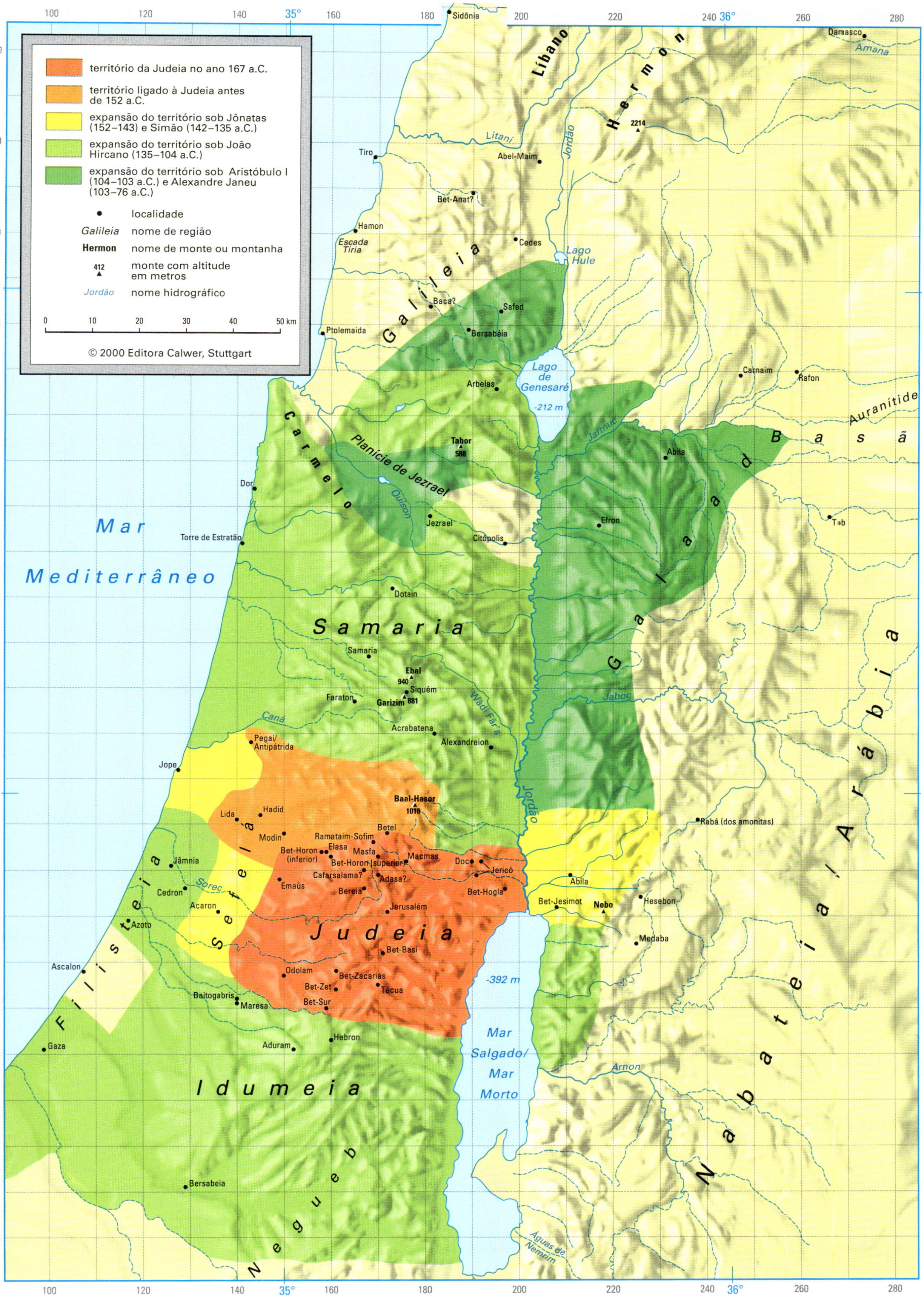
território da Judeia no ano 167 a.C.
território ligado à Judeia antes de 152 a.C.
expansão do território sob Jônatas (152–143) e Simão (142–135 a.C.)
expansão do território sob João Hircano (135–104 a.C.)
expansão do território sob Aristóbulo I (104–103 a.C.) e Alexandre Janeu (103–76 a.C.)
localidade
Galileia nome de região
Hermon nome de monte ou montanha
412 monte com altitude em metros
Jordão nome hidrográfico
0 10 20 30 40 50 km
© 2000 Editora Calwer, Stuttgart
Sidônia
Damasco
Amana
Líbano
Hermon
2214
Litani
Jordão
Tiro
Abel-Maim
Bet-Anat?
Hamon
Escada Tíria
Cedes
Lago Hule
Galileia
Baca?
Safed
Ptolemaida
Bersabéia
Lago de Genesaré
-212 m
Arbelas
Carnaim
Rafon
Auranítide
Carmelo
Planície de Jezrael
Tabor
588
Jarmuc
Basã
Abila
Dor
Quison
Jezrael
Efron
Tob
Mar Mediterrâneo
Torre de Estratão
Citópolis
Galaad
Dotain
Samaria
Ebal
940
Siquém
Garizim
881
Faraton
Wadi Far'a
Jaboc
Caná
Acrabatena
Alexandreion
Pegai/ Antipátrida
Jope
Baal-Hasor
1016
Jordão
Lida
Hadid
Rabá (dos amonitas)
Modin
Ramataim-Sofim
Betel
Bet-Horon (inferior)
Elasa
Masfa
Macmas
Bet-Horon (superior)
Doc
Jericó
Jâmnia
Cafarsalama?
Adasa?
Abila
Emaús
Bereia
Bet-Hogla
Cedron
Sorec
Bet-Jesimot
Nebo
Hesebon
Acaron
Jerusalém
Sefelá
Azoto
Judeia
Medaba
Filisteia
Bet-Basi
Ascalon
Odolam
Bet-Zacarias
Bet-Zet
Técua
-392 m
Baitogabris
Maresa
Bet-Sur
Hebron
Mar Salgado/ Mar Morto
Gaza
Aduram
Arnon
Idumeia
Arábia
Nabateia
Bersabeia
Negueb
Águas de Nemrim

Mapa 13

A Palestina sob Herodes Magno

O mapa mostra o reino sobre o qual Herodes Magno (37-4 a.C.) dominava. Em 63 a.C., a Síria-Palestina foi conquistada pelos romanos, embora concedessem ao sumo sacerdote judeu Hircano II (63-40 a.C.), no plano da política interna, ampla independência. No ano de 40 a.C., os partas invadiram a Palestina, depondo Hircano II. Herodes, até então enviado romano responsável pela Galileia, fugiu para Roma, fazendo-se nomear pelo senado romano "rei aliado da Judeia". A seguir, com a ajuda dos romanos, ele conseguiu fazer os partas recuarem. Graças à amizade com os romanos, recebeu, além das regiões já pertencentes ao seu reino (Idumeia, Judeia, Pereia, Samaria e Galileia), ainda os territórios situados no nordeste (Bataneia, Traconítide, Gaulanítide e Auranítide). A independência ficou garantida apenas à Decápole (região das dez tribos, "cidades"); tratava-se de uma aliança de aproximadamente dez cidades helenísticas (o número exato variava um pouco durante a história), situadas, em sua maioria, na Transjordânia central e setentrional. Em 63 a.C., elas receberam dos romanos direitos especiais, o que significava uma ampla independência política para essas cidades. Com exceção desses territórios, a região controlada por Herodes representava uma retomada do grande reino davídico-salomônico. Após a morte de Herodes Magno, no ano 4 a.C., seu grande reino foi dividido entre seus três filhos. Arquelau (4 a.C.-6 d.C.) recebeu a Judeia, a Samaria e a Idumeia; a Herodes Antipas (4 a.C.-39 d.C.) foram entregues a Galileia e a Pereia; e a Filipe (4 a.C.-34 d.C.) couberam as regiões situadas a nordeste. Além disso, o imperador romano decidiu, para evitar disputas entre os filhos de Herodes, que nenhum deles deveria mais usar o título de rei. Ao leste e ao sul da Decápole, ficava a região de domínio dos nabateus, que controlavam a Estrada do Incenso, acumulando dinheiro e influência.

Neste mapa, também foram inseridas as localidades mencionadas pelo historiador Flávio Josefo (37/38-ca.100 d.C.). Sua descrição das condições de vida e seus livros *Guerra judaica* e *Antiguidades judaicas* são fontes importantes para a história do período tardio do pós-exílio; refletem o ponto de vista de um historiador judeu do século I d.C.

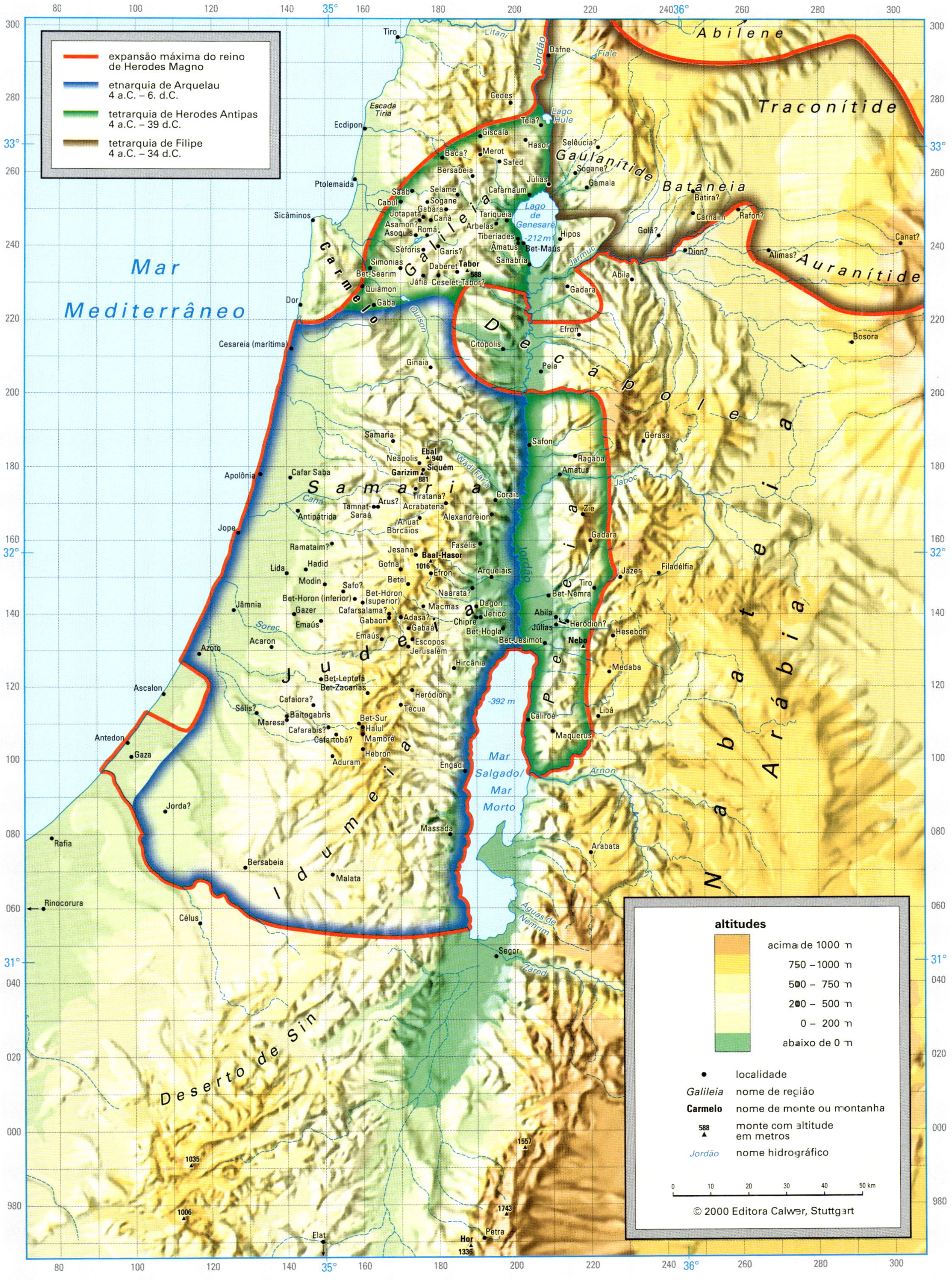

expansão máxima do reino de Herodes Magno
etnarquia de Arquelau 4 a.C. – 6. d.C.
tetrarquia de Herodes Antipas 4 a.C. – 39 d.C.
tetrarquia de Filipe 4 a.C. – 34 d.C.
Mar Mediterrâneo
Abilene
Traconítide
Gaulanítide
Bataneia
Auranítide
Galileia
Carmelo
Decápole
Samaria
Judeia
Idumeia
Pereia
Arábia
Nabateia
Deserto de Sin
Tiro
Litani
Jordão
Dafne
Fiale
Cedes
Escada Tíria
Ecdipon
Tela?
Lago Hule
Giscala
Hasor
Selêucia?
Sogane?
Baca?
Merot
Safed
Bersabeia
Júlias
Gamala
Ptolemaida
Saab
Selame
Sogane
Cafarnaum
Cabul
Gabara
Jotapata
Caná
Tariqueia
Lago de Genesaré
-212 m
Asamon?
Romá
Arbelas
Asoquis
Tiberíades
Hipos
Séforis
Garis?
Âmatus
Bet-Maús
Sicâminos
Simonias
Daberet
Tabor
588
Sanabria
Jarmuc
Bet-Searim
Jáfia
Ceselet-Tabor?
Quiâmon
Gaba
Dor
Quison
Gadara
Golã?
Carnaim
Rafon?
Bátira?
Dion?
Alimas?
Canat?
Abila
Efron
Bosora
Cesareia (marítima)
Citópolis
Ginaia
Pela
Samaria
Ebal
940
Siquém
Neápolis
Garizim
881
Safon
Ragaba
Amatus
Gerasa
Wadi Fara
Jaboc
Apolônia
Cafar Saba
Tiratana?
Coraia
Caná
Arus?
Tamnat
Acrabatena
Saraá
Antipátrida
Alexandreion
Anuat
Borcaios
Zie
Jope
Gadara
Ramataim?
Faselis
Jesana
Baal-Hasor
1016
Hadid
Gofna
Lida
Efron
Arquelais
Jazer
Filadélfia
Modin
Betel
Safo?
Tiro
Bet-Horon (inferior)
Bet-Horon (superior)
Naarata?
Bet-Nemra
Jâmnia
Cafarsalama?
Macmas
Gazer
Dagon
Gabaon
Jericó
Abila
Adasa?
Emaús
Chipre
Júlias
Heródion?
Sorec
Gabaá
Emaús
Bet-Hogla
Hesebon
Acaron
Escopos
Bet-Jesimot
Nebo
Azoto
Jerusalém
Hircânia
Medaba
Bet-Leptefá
Bet-Zacarias
Ascalon
Heródion
Cafaiora?
-392 m
Sális?
Técua
Libá
Baitogabris
Maresa
Bet-Sur
Caliroé
Cafarabis?
Halul
Antedon
Mambré
Maquerus
Cafartobá?
Hebron
Gaza
Mar Salgado/ Mar Morto
Aduram
Engadi
Arnon
Jorda?
Massada
Rafia
Arabata
Bersabeia
Malata
Rinocorura
Águas de Nemrim
Célus
Segor
Zared
1557
1035
1743
1006
Petra
Elat
Hor
1336
altitudes
acima de 1000 m
750 – 1000 m
500 – 750 m
200 – 500 m
0 – 200 m
abaixo de 0 m
localidade
Galileia nome de região
Carmelo nome de monte ou montanha
588 monte com altitude em metros
Jordão nome hidrográfico
0 10 20 30 40 50 km
© 2000 Editora Calwer, Stuttgart
80 100 120 140 35° 160 180 200 220 240 36° 260 280 300
300 280 33° 260 240 220 200 180 160 32° 140 120 100 080 060 31° 040 020 000 980

Mapa 14

A Palestina no tempo de Jesus

São apresentadas as localidades da Palestina mencionadas no Novo Testamento. Ao mesmo tempo, o mapa retrata a situação na Palestina após a morte de Herodes Magno, cujo reino havia sido dividido entre seus filhos (cf. mapa 13). Em 6 d.C., o filho de Herodes, Arquelau, foi deposto do seu cargo e desterrado pelo imperador Augusto, cedendo à pressão do povo. A Judeia e a Samaria tornaram-se províncias romanas, administradas por um procurador. Para poder determinar o número dos habitantes da nova província, foi organizado um recenseamento, em 6/7 d.C., por parte do legado Quirino, administrador da Síria, tendo sua sede em Antioquia junto ao Rio Orontes (cf. Lc 2,1-5). A sede oficial do procurador era Cesareia. Os nomes desses procuradores são conhecidos com base em textos neotestamentários e extrabíblicos. Num primeiro momento, o território foi administrado por Copônio (ca. 6-9 d.C.), a seguir por Marco Ambíbulo (9-12), Vânio Rufo (12-15) e Valério Grato (15-26). Pôncio Pilatos exerceu o cargo de 26 a 36 d.C. Seguiram-lhe Marcelo (36-37), Marulo (37-41), Cúspio Fado (44-46/47), Tibério Alexandre (46/47-48), Ventido Cumano (48-52), Antônio Félix (52-60), Pórcio Festo (60-62), Albino (62-64) e Géssio Floro (64-66).

Apesar da administração uniforme, o reino sob o aspecto religioso dividia-se em duas regiões distintas. Na região montanhosa setentrional, viviam os samaritanos, separados do templo de Jerusalém desde o final do século II/início do I, tendo erguido seu próprio templo no Monte Garizim. Reconheciam como escritos sagrados normativos apenas a Torá (os cinco Livros de Moisés: Gênesis, Êxodo, Números, Levítico e Deuteronômio), enquanto no Judaísmo passaram à condição de canônicos, além da Torá, também os livros proféticos (incluídos os históricos de Josué a 2 Reis) e mais tarde também outros escritos o foram.

No tempo de Jesus, a Galileia estava subordinada a Herodes Antipas (4 a.C.-39 d.C.). Num primeiro momento, elevou Séforis, reconstruída por ele (cf. mapa 13), à condição de capital. Talvez, José, pai de Jesus e morador da vizinha Nazaré, trabalhasse como artesão nas obras de reconstrução da nova capital. Em 26 d.C., então, ergueu Tiberíades, junto ao Lago de Genesaré, para servir de capital de seu reino. Essa cidade foi construída em estilo grego e dotada de esplendor arquitetônico.

No lado oriental do lago e do Rio Jordão, as cidades da Decápole, com sua ênfase grega e com direitos de autogestão, concedidos pelos romanos, formavam um centro próprio de poder.

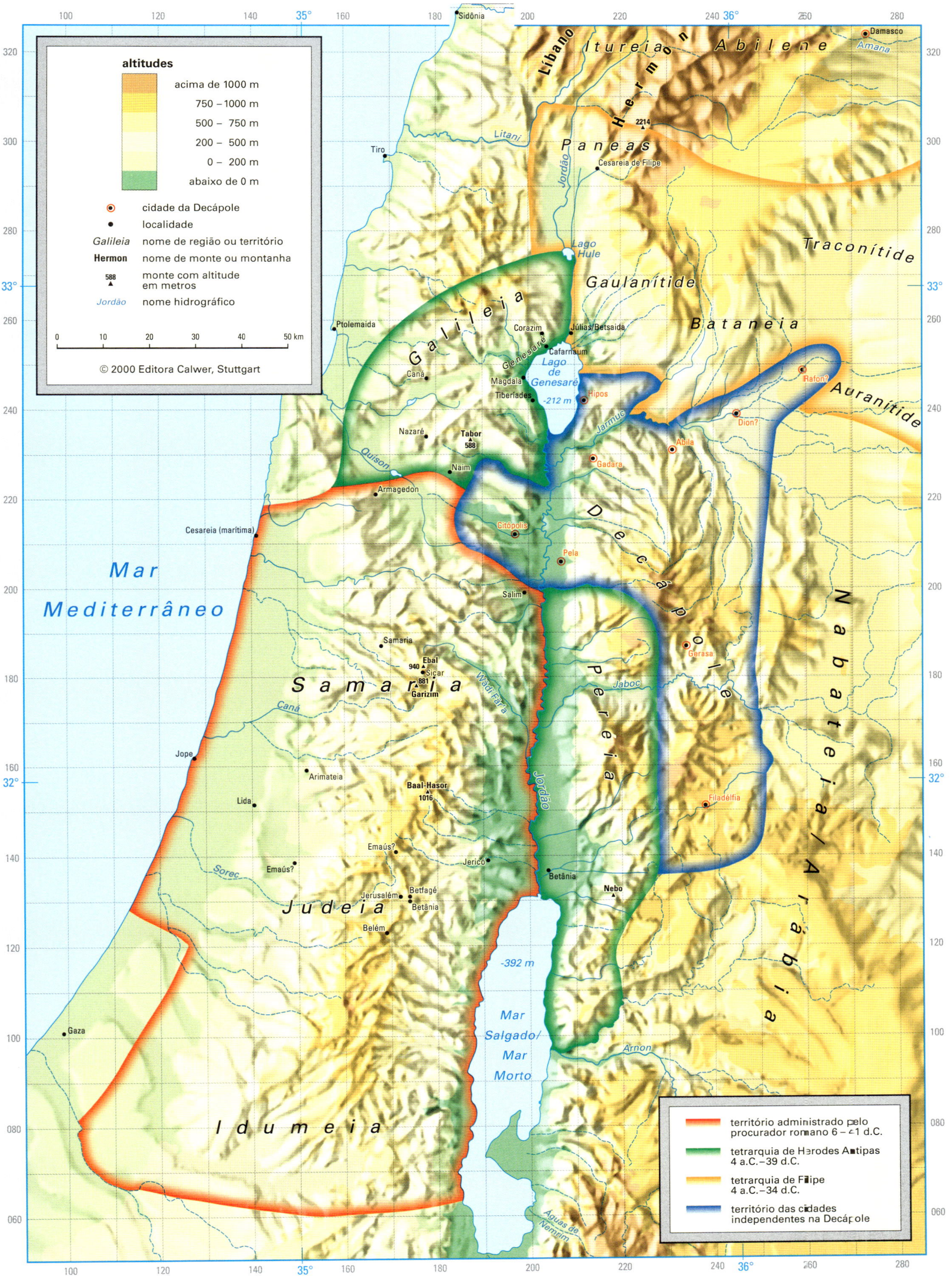
altitudes
acima de 1000 m
750 – 1000 m
500 – 750 m
200 – 500 m
0 – 200 m
abaixo de 0 m
cidade da Decápole
localidade
Galileia nome de região ou território
Hermon nome de monte ou montanha
588 monte com altitude em metros
Jordão nome hidrográfico
0 10 20 30 40 50 km
© 2000 Editora Calwer, Stuttgart
Sidônia
Damasco
Amana
Líbano
Itureia
Hermon
Abilene
2214
Litani
Tiro
Paneas
Cesareia de Filipe
Jordão
Lago Hule
Traconítide
Gaulanítide
Galileia
Ptolemaida
Corazim
Júlias/Betsaida
Batanea
Cafarnaum
Genesaré
Lago de Genesaré
Magdala
Caná
Tiberíades
-212 m
Hipos
Rafon?
Auranítide
Jarmuc
Dion?
Nazaré
Tabor
588
Abila
Quison
Gadara
Naim
Armagedon
Citópolis
Decápole
Cesareia (marítima)
Pela
Mar Mediterrâneo
Salim
Nabateia/Arábia
Samaria
Ebal
940
Sicar
881
Garizim
Gerasa
Wadi Fara
Caná
Jaboc
Pereia
Jope
Arimateia
Baal-Hasor
1016
Filadélfia
Lida
Jordão
Emaús?
Emaús?
Jericó
Sorec
Betânia
Nebo
Jerusalém
Betfagé
Betânia
Judeia
Belém
-392 m
Mar Salgado/Mar Morto
Gaza
Arnon
Idumeia
Águas de Nemrim
território administrado pelo procurador romano 6 – 41 d.C.
tetrarquia de Herodes Antipas 4 a.C.–39 d.C.
tetrarquia de Filipe 4 a.C.–34 d.C.
território das cidades independentes na Decápole

Mapa 15

As viagens de Paulo e as localidades do cristianismo primitivo

O mapa mostra a expansão do Cristianismo no século I d.C., até onde é possível depreendê-la dos escritos bíblicos (Atos dos Apóstolos, cartas e Apocalipse de João). Especialmente assinaladas estão as localidades da Ásia Menor mencionadas nas sete cartas do Apocalipse joanino. Para a elaboração do transcurso das viagens de Paulo, tomou-se por base o sistema viário romano.

Paulo nasceu em Tarso, na costa sudeste da Ásia Menor, oriundo de uma família judaica, domiciliada na cidade. Após sua conversão ao Cristianismo, retirou-se temporariamente para a "Arábia", uma referência ao reino dos nabateus na Transjordânia. Retornou, a seguir, à sua cidade natal, Tarso, sendo chamado, depois, para Antioquia no norte da Síria, onde atuou por um ano. De lá, ele iniciou sua primeira viagem missionária (cf. At 13,1–14,28), passando por Chipre, Perge, na Panfília, levando-o até Antioquia, Icônio, Listra e Derbe. Após certo tempo, retornou pelo mesmo caminho, sem, no entanto, parar dessa vez em Chipre. Paulo empreendeu sua segunda viagem missionária (cf. At 15,36–18,22) após o concílio dos apóstolos em Jerusalém. Dessa vez, em sua viagem por terra, dirige-se às localidades já visitadas na primeira vez. Depois de ter cruzado em sua viagem também a Frígia e a Galácia, chegou, via Trôade, ao núcleo da terra grega. Finalmente, ele retorna de navio, após uma estada mais longa em Corinto, voltando por Éfeso, até Cesareia, de onde ele regressa a Antioquia. Na terceira viagem missionária (cf. At 18,23–21,17), atravessou a Galácia e a Frígia, territórios da Ásia Menor, chegando, finalmente, a Éfeso, onde permaneceu por cerca de dois anos e meio. Durante esse tempo, empreendeu uma viagem a Corinto, possivelmente para clarear questões relativas à sua autoridade. Ainda uma segunda vez, ele parte de Éfeso para a Grécia. Sua viagem de retorno, via Filipos e Trôade, o levou a Mileto e, por fim, passando por Rodes e Pátara, até Tiro. Dirigiu-se de lá rumo a Jerusalém, sendo capturado por uma multidão em fúria; sob proteção romana, foi levado ao procurador Félix, em Cesareia. Ao ser acusado pelo procurador, Paulo insistiu no seu direito de cidadão romano de interpor apelação junto ao imperador. Em resposta a isso, Paulo empreendeu, então, viagem marítima a Roma, sob a custódia de um soldado (cf. At 27,1–28,16). Poucos anos depois, morreu como mártir.

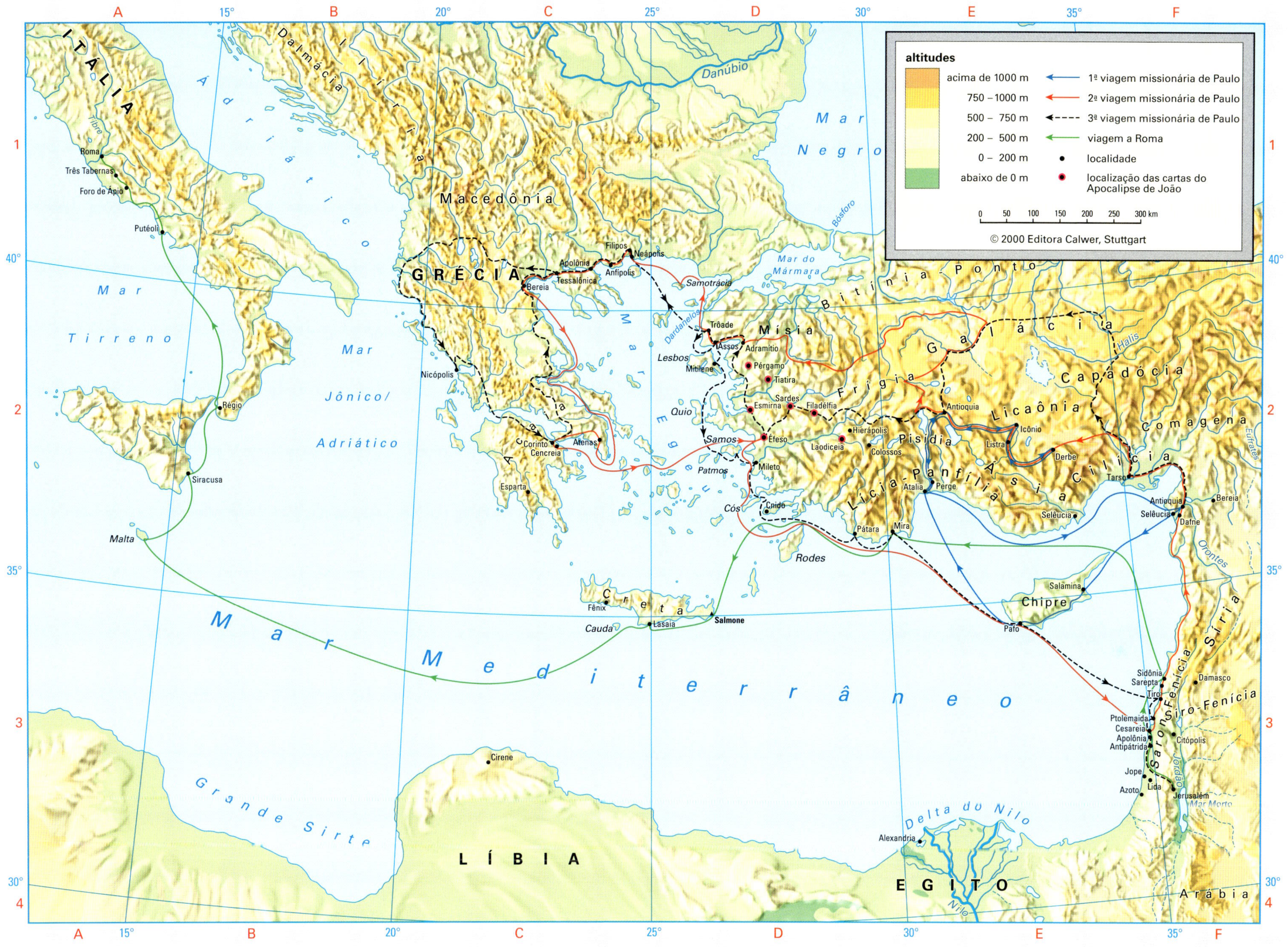

altitudes
acima de 1000 m
750 – 1000 m
500 – 750 m
200 – 500 m
0 – 200 m
abaixo de 0 m
1ª viagem missionária de Paulo
2ª viagem missionária de Paulo
3ª viagem missionária de Paulo
viagem a Roma
localidade
localização das cartas do Apocalipse de João
0 50 100 150 200 250 300 km
© 2000 Editora Calwer, Stuttgart
ITÁLIA
Tibre
Roma
Três Tabernas
Foro de Ápio
Putéoli
Régio
Siracusa
Malta
Mar Tirreno
Adriático
Mar Jônico/Adriático
Dalmácia
Ilíria
Macedônia
GRÉCIA
Danúbio
Mar Negro
Bósforo
Mar do Mármara
Bitínia
Ponto
Filipos
Neápolis
Apolônia
Anfípolis
Tessalônica
Bereia
Nicópolis
Acaia
Corinto
Cencreia
Atenas
Esparta
Mar Egeu
Samotrácia
Dardanelos
Trôade
Assos
Adramítio
Mísia
Lesbos
Mitilene
Quio
Samos
Patmos
Cós
Cnido
Rodes
Pérgamo
Tiatira
Sardes
Esmirna
Filadélfia
Éfeso
Mileto
Frígia
Hierápolis
Laodiceia
Colossos
Pisídia
Antioquia
Galácia
Halis
Capadócia
Licaônia
Icônio
Listra
Derbe
Comagena
Eufrates
Lícia
Panfília
Atalia
Perge
Pátara
Mira
Ásia
Cilícia
Tarso
Selêucia
Antioquia
Bereia
Dafne
Orontes
Síria
Chipre
Salamina
Pafo
Creta
Fênix
Cauda
Lasaia
Salmone
Mar Mediterrâneo
Sidônia
Sarepta
Tiro
Damasco
Fenícia
Siro-Fenícia
Ptolemaida
Cesareia
Apolônia
Antipátrida
Citópolis
Sarom
Jordão
Jope
Lida
Azoto
Jerusalém
Mar Morto
Arábia
Cirene
Grande Sirte
LÍBIA
Delta do Nilo
Alexandria
Nilo
EGITO

Mapa 16

Jerusalém no período vétero e neotestamentário

O **mapa 16a** mostra, através de demarcações em diferentes tonalidades, a crescente expansão da cidade no decurso do período veterotestamentário. As linhas, com realce em diferentes cores, representam as muralhas da cidade conforme a arqueologia as percebe.

Até o tempo de Davi, a área urbana de Jerusalém restringia-se a uma pequena colina em forma de um esporão, que no lado ocidental era limitada pelo Vale do Tiropeon ou da Cidade (cf. mapa 16b) e, no oriental, pelo Vale do Cedron. A cidade era especialmente bem protegida graças às encostas íngremes em direção aos vales. Além disso, o abastecimento de água da população estava assegurado através da fonte de Gion, situada no vale. Salomão acrescentou a esse espaço, ao norte, a área do templo, que no período pré-exílico também abrigava o palácio do rei. No período tardio do século VIII, a área urbana foi aumentada sensivelmente. Refugiados do reino do norte, conquistado pelos assírios, fixaram-se em Jerusalém, de modo que as muralhas, então erguidas, incluíam as áreas da cidade baixa e alta. No reinado de Ezequias, foi escavado um túnel subterrâneo para canalizar a água da fonte de Gion para o sul da cidade, tornando-a mais acessível. Em 587 a.C., Jerusalém foi arrasada pelos babilônios. Somente Neemias, a partir de 445 a.C., erigiu novamente as muralhas sobre uma área urbana bem menor.

O **mapa 16b** descreve Jerusalém nos séculos seguintes, nos quais ela novamente adquiriu significado e teve sua área urbana ampliada constantemente. Herodes Magno executou inúmeras obras arquitetônicas. Ele duplicou a área do templo e o edificou novamente. Na área contígua ao norte do templo, ficava a fortaleza Antônia, em que ficavam estacionados os soldados romanos, com a função de vigiar a área do santuário. Herodes construiu seu palácio na parte ocidental da cidade. Também aqui se instalava Pôncio Pilatos quando vinha para os dias festivos em Jerusalém, e não na fortaleza Antônia, como se admitia tradicionalmente. No pátio desse palácio, deve ter acontecido a condenação de Jesus. Uma localização diferente do espaço onde ocorreu a condenação tem como consequência que se defina também outro caminho pelo qual Jesus foi conduzido até a crucificação ("via dolorosa"). O Gólgota (em aramaico "lugar da caveira") e a sepultura, ambos localizados hoje na Igreja do Santo Sepulcro, na época ficavam fora dos muros da cidade. No entorno do Gólgota, foi comprovada a existência de outras sepulturas datadas do período neotestamentário. Somente em 41 d.C. foi erguida uma nova muralha, incluindo, a partir de então, a área do Gólgota no espaço murado da cidade.

Em *anexo*, encontra-se um esboço cartográfico das escavações arqueológicas na Palestina (anexo 1). Devido à quantidade de escavações nos estados de Israel, Jordânia e Palestina, a seleção de sítios limita-se àqueles que apresentam achados mais abrangentes e de maior relevância para o período vétero e neotestamentário e para a história cultural da terra no período pré-bizantino.

Os gráficos seguintes (anexo 2), com o perfil das altitudes da Palestina, querem visualizar a estrutura geográfica da terra.

Jerusalém no tempo veterotestamentário

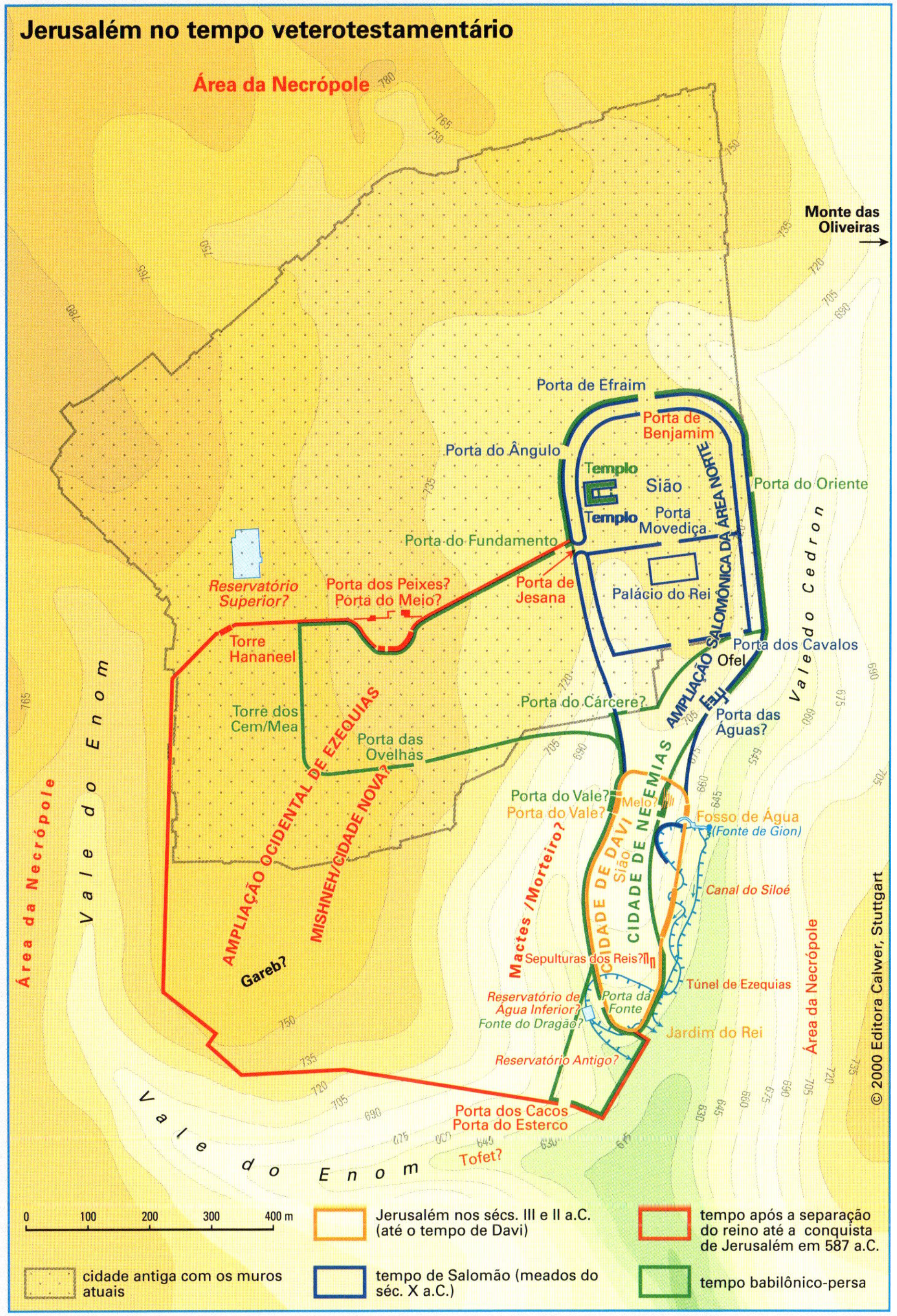

Jerusalém no tempo neotestamentário

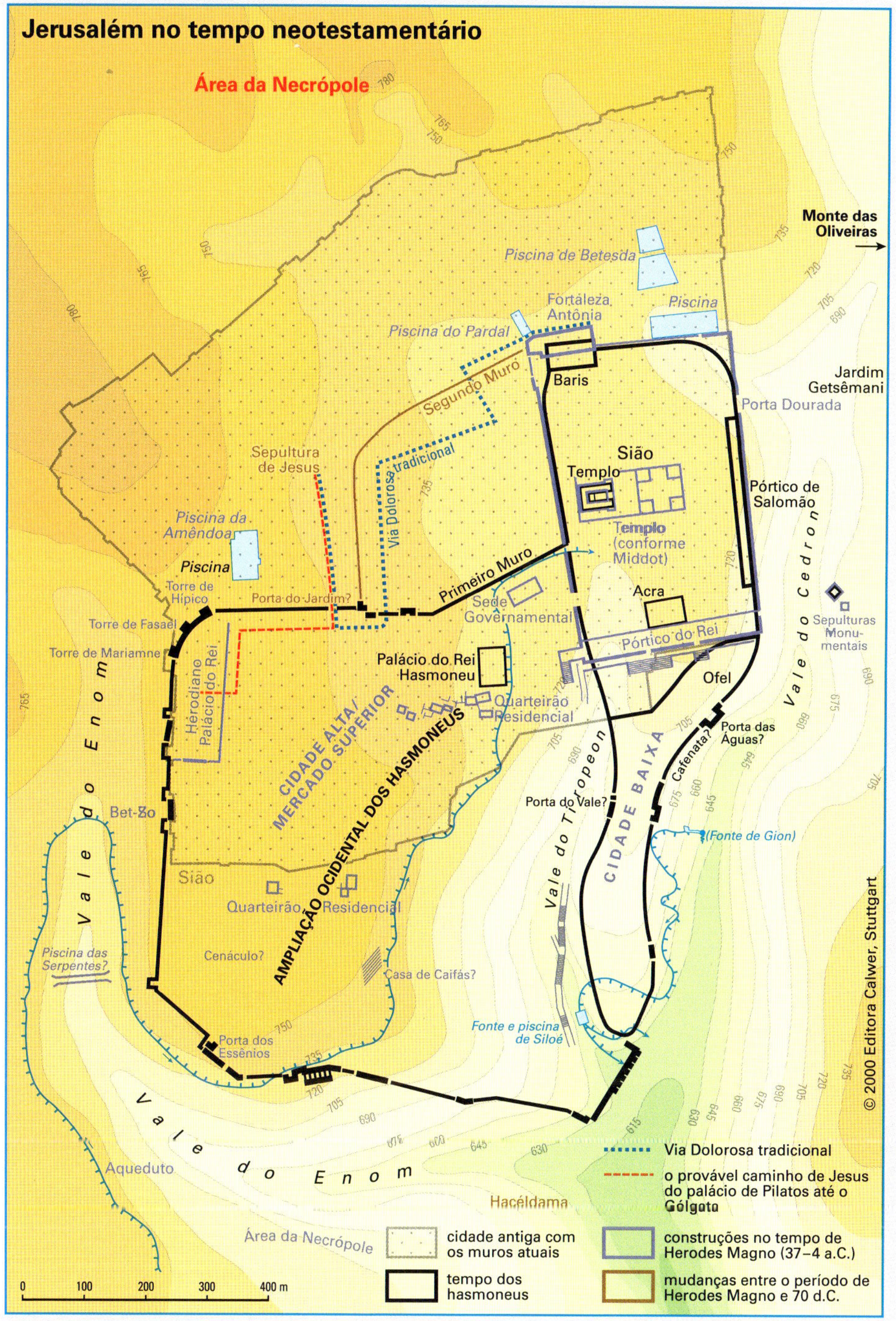

Anexo 1

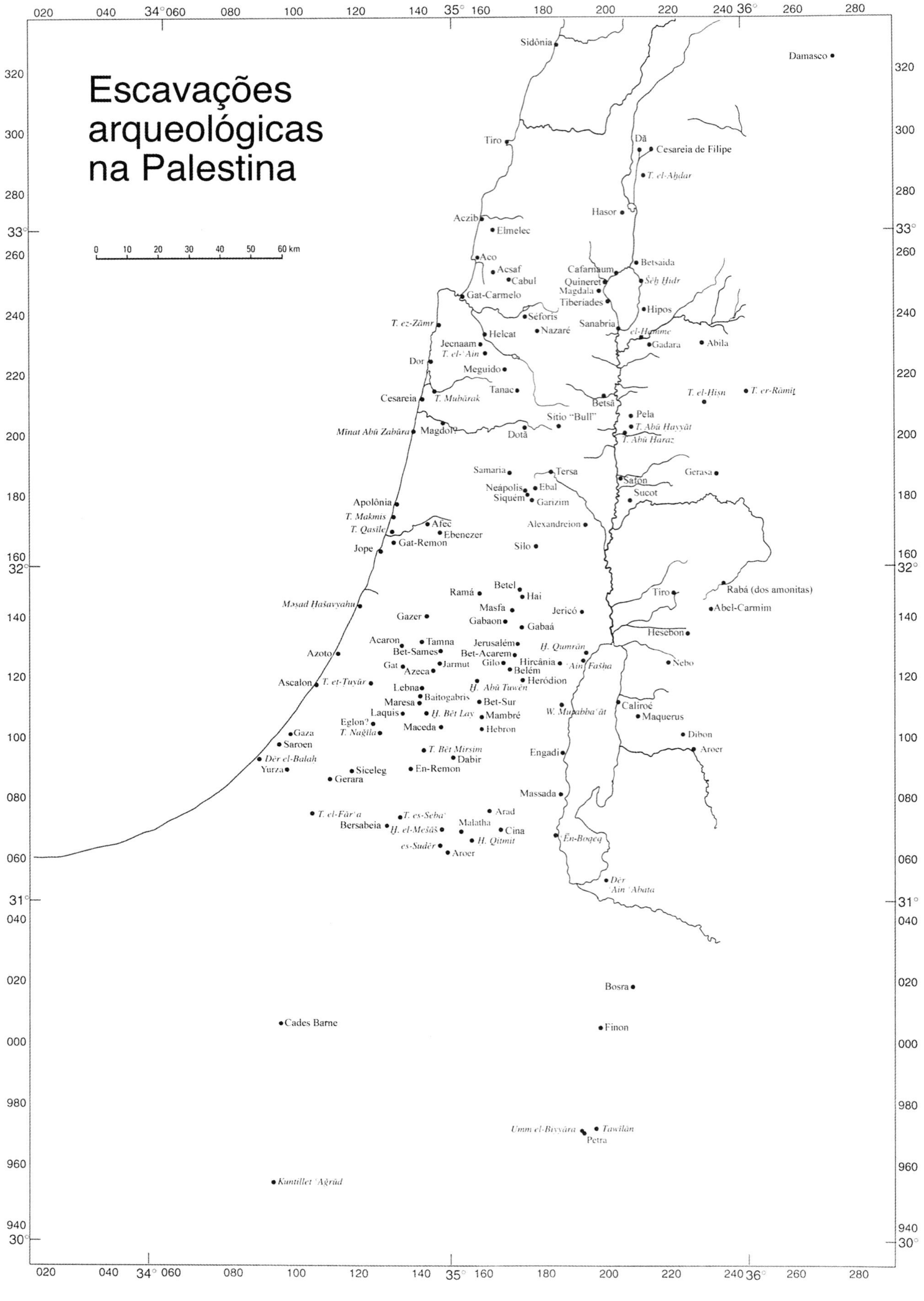
Escavações arqueológicas na Palestina
0 10 20 30 40 50 60 km
Sidônia
Damasco
Tiro
Dã
Cesareia de Filipe
Hasor
Aczib
Elmelec
Aco
Acsaf
Cabul
Gat-Carmelo
Cafarnaum
Quineret
Magdala
Tiberíades
Betsaida
Hipos
Séforis
Nazaré
Sanabria
Gadara
Abila
Helcat
Jecnaam
Dor
Meguido
Tanac
Cesareia
Betsã
Pela
Sítio "Bull"
Magdol?
Dotã
Samaria
Tersa
Neápolis
Siquém
Ebal
Garizim
Gerasa
Safon
Sucot
Apolônia
Afec
Ebenezer
Alexandreion
Jope
Gat-Remon
Silo
Betel
Hai
Ramá
Masfa
Gabaon
Gabaá
Jericó
Rabá (dos amonitas)
Tiro
Abel-Carmim
Gazer
Hesebon
Acaron
Tamna
Bet-Sames
Jerusalém
Bet-Acarem
Nebo
Azoto
Gat
Azeca
Jarmut
Gilo
Belém
Hircânia
Heródion
Ascalon
Lebna
Baitogabris
Bet-Sur
Maresa
Laquis
Mambré
Hebron
Eglon?
Maceda
Caliroé
Maquerus
Dibon
Aroer
Gaza
Saroen
Engadi
Dabir
Yurza
Siceleg
Gerara
En-Remon
Massada
Arad
Bersabeia
Malatha
Cina
Aroer
Bosra
Cades Barne
Finon
Petra
020 040 34° 060 080 100 120 140 35° 160 180 200 220 240 36° 260 280
320 300 280 33° 260 240 220 200 180 160 32° 140 120 100 080 060 31° 040 020 000 980 960 940 30°

Anexo 2

Cortes no sentido longitudinal e latitudinal da Palestina

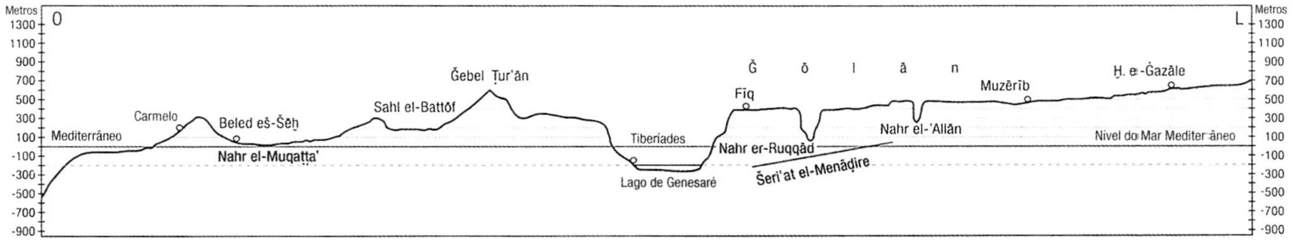

Corte longitudinal na altura do lago de Genesaré

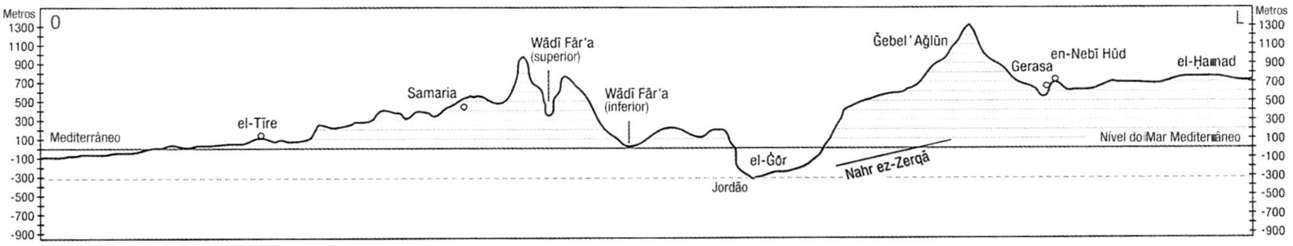

Corte longitudinal na altura de Samaria

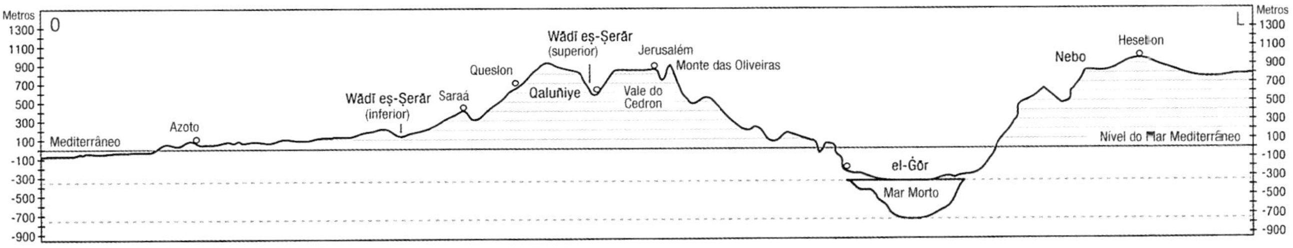

Corte longitudinal na altura de Jerusalém

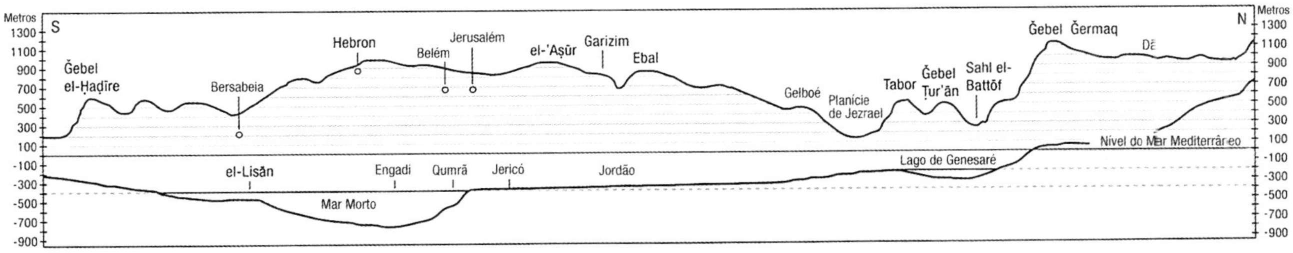

Corte latitudinal na altura de Jerusalém e da fossa tectônica do Jordão

Índice remissivo

As localidades entre parênteses da primeira coluna indicam seus nomes atuais, cuja designação antiga não foi mencionada.

Nome da localidade na Bíblia	Nome atual da localidade	Coordenadas	Mapas
Aava	não localizado		
Abana	cf. Amana I		
Abarim		205-220.050-130	1, 5, 7
Abdon	*Ḫirbet ʿAbde*	165.272	4
Abel I	cf. Abel-Bet-Maaca		
Abel II	*Ḫirbet Umm el-Abār?*	239.208	2
Abel III	*Bālūʿa?*	224.085	2
Abel-Bet-Maaca	*Ābil el-Qamḥ*	204.296	2, 5-6, 12
Abel-Carmim	*Tell el-ʿUmērī*	234.142	2, 5
Abel-Maim	cf. Abel-Bet-Maaca		
Abel-Mesraim	não localizado		
Abel-Meúla	*Tell Abū Ṣūṣ*	203.197	5, 6
Abel-Setim	*Tell el-Kafrēn*	211.139	5-6
Abes	não localizado		
Abiezer		160-170.180-170	4-6
Abila I	*Tell Ābil*	231.231	2, 12-14
Abila II	*Ḫirbet el-Kafrēn*	210.139	12-13
	cf. tb. Abel-Setim		
Abilene		240-270.320-330	13-14
Abimael	não localizado		
Acad		G-H.2	8
Acaia		C.2	15
Acaron	*Ḫirbet Muqannaʿ*	136.131/E.3	4-9, 12-13
Aco	*Tell el-Fuḫḫār*	158.258	1, 2, 4-5, 7
Acor (planície)	*Wādī en-Nuwēʿime*	191.144	4-6, 11a
Acrabatena	*ʿAqrabā*	182.170	12-13
Acsaf	*Tell Kēsān*	164.253	2, 4-5
Aczib I	*Ḫirbet el-Bēḍā*	145.116	4-5
Aczib II	*ez-Zīb*	159.272	4-5, 7
Adada	cf. Aroer		
Adam	*Tell ed-Dāmīye*	201.167	5-6
Adama	não localizado		
Adami-Neceb	*Ḫirbet et-Tell*	193.239	2, 4
Adar	não localizado		
Adasa?	*Ḫirbet ʿAdāsa?*	170.139	12-13
Aditaim	não localizado		
Adomim?	*Ḍahr Šūmēs?*	178.133	4
Adora	cf. Aduram		
Adoren	*Tell el-Asāwir*	152.209	2
Adoreos	cf. Aduram		
Adramítio	*Edremit*	D.2	15
Adriático	Adriático	A-B.1-2	15
Aduram	*Dūra*	152.101	2, 6-7, 12-13
Aduram	não localizado		
Aduru	cf. Edrai I		
Aen-Ganim	cf. Aen-Ganim		
Aen-Ganim I	*Ḫirbet Umm Ğinā*	146.128	4
Aen-Ganim II	*Ḫirbet Bēt Ğinn*	196.235	4
Afairema	cf. Efron I		
Afec I	*Rās el-ʿĒn*	143.168	2, 5, 7
	cf. tb. Pegai e Antipátrida		
Afec II	*Afqā?*	231.382/F.3	8
Afec III	*Tell Kurdāne?*	160.250	4-5
Afec IV	*Ḫirbet el ʿAšiq?*	210.243	6
Afeca	não localizado		
Agabá	não localizado		
Águas de Neftoa	*ʿĒn Liftā*	168.133	4
Águas de Nemrim	*Wādī en-Numēra*	198.063-205.055	1, 6-7
Águas do Jarcon	*Tell Qasīle?*	131.168	4
Aía	*et-Tell?*	174.147	6, 11a
Aialon	*Yālō*	152.138	2, 4-5, 7
Aiat	cf. Aía		
Ain I	não localizado		
Ain II	cf. En-Remon		
Aion I	*Tell Dibbīn*	205.308	2, 6
Aion II	*Rās el-ʿĒn?*	236.150	2

Nome da localidade na Bíblia	Nome atual da localidade	Coordenadas	Mapas
Alab/Helba	cf. Maaleb		
Alalakh	*Tell el-Açāna*	F.2	8
Alasia	cf. Elisa		
Alepo	*Ḥaleb*	F.2	8
Alexandreion	*Qarn Ṣarṭabe*	194.167	12-13
Alexandria	Alexandria	E.3	15
Alimas	*ʿIlmā?*	267.239	13
Almat	cf. Almon		
Almon	*Ḫirbet ʿAlmīt*	176.136	4-5
Alus	não localizado		
Ama	*Ḫirbet el-Qubbe*	177.141	5
Amaad	não localizado		
Amalecitas		090-180.020-070	5
Amam	não localizado		
Amana I	*Nahr Baradā*	236-287.321-328	1, 4
Amana II	não localizado		
Amatus	*Tell Muġannī*	212.178	13
Âmatus	*el-Ḥammām*	201.241	13
Amec-Casis	não localizado		
Amfípolis	Neochori	C.1	15
Amon	cf. Rabá (dos amonitas)		1, 4
Amon			
(estado, província)	225-280.130-180	6, 11a	
Amorreus		F.2-3	8
Amsã	*Imtān*	ca. 330.195	2
Ana	não localizado		
Anaarat	*Tell el-Muḫarḫaš*	194.228	2, 4
Anab	*Ḫirbet ʿUnnāb eṣ-Ṣeġīre*	145.091	4-5
Anam/Anamim	não localizado		
Ananias	*el-ʿĀzarīye*	174.130	11a
	cf. tb. Betânia		
Anatot	*ʿAnāta*	175.135	4-7, 11a
Anim	*Ḫirbet Ġuwēn eṭ-Ṭaḥtā*	156.084	4-5
Antedon	*Tīda*	98.105	13
Antioquia I	*Anṭāqīye*	F.2	15
Antioquia II	*Jalowadsch*	E.2	15
Antipátrida	*Rās el-ʿĒn*	143.168/.E3	12-13, 15
	cf. tb. Afec I		
Anuat Borcaios	*Ḫirbet Barqīt*	175.166	13
Apolônia I	*Arsūf*	132.178/E.3	13, 15
Apolônia II	*Poian*	C.1	15
Aquila	cf. Gabaá-Aquila		
Ar(-Moab)		205-220.095-110	5-6
Arab	*Ḫirbeter-Rabīye?*	153.093	4
Arabá	*el-ʿAraba*	145-200.885-050	1
Arabata	*Er-Rabbe*	220.075	13
Arábia I	Península Arábica	F-G.4	8-10, 15
Arábia II		200-310.960-240	13, 14
Arac	*ʿArqā*	F.3	8, 11b
Arac	cf. Uruc		11b
Araceus	cf. Arka		
Arad	*Tell el-ʿArād*	162.076	3-7
Aram		F.2-3	1, 8-9, 11b
Arar	não localizado		
Ararat		G.2	8-9
Arbates	não localizado		
Arbatitas	cf. Bet-Arabá		
Arbelas	*Ḫirbet Irbid*	195.246	12-13
Areópago	cf. Atenas		
Arfad	*Tell Refāt*	F.2	8-9
Argob	não localizado		
Ar-Hares	não localizado		
Ariel	cf. Jerusalém		
Arimateia	*Rentis?*	152.159	14
	cf. tb. Ramataim		
Armagedon	*Tell Mutesellim*	167.221	14
	cf. tb. Meguido		

Nome da localidade na Bíblia	Nome atual da localidade	Coordenadas	Mapas
Arnon	*Wādī el-Mūğīb*	232.075-204.097	1, 4-7
Aroer I	*Ḫirbet el-ʿArāʿīr*	228.097	4-7
Aroer II	*Ḫirbet Udēnā*	233.152	4-5
Aroer III	*Ḫirbet ʿArʿara*	148.062	4-5
Aron	*Ḫirbet ʿĀra*	157.212	2
Arpaxad			11b
Arquelais	*Ḫirbet el-ʿAuğā eṭ-Taḥtā*	194.150	13
Arquitas	tribo em *el-Bīre*	170.146	4-5
Arubot	*Baṭn em-Nūrī?*	166.199	5
Aruma	*Ḫirbet el-ʿUrme*	180.172	5, 7
Arus?	*Ḥarīs?*	163.169	13
Arvad	*Ruād*	F.3	8-10, 11b
Asã I	não localizado		
Asã II	não localizado		
Asamon	*Ğebel ed-Dēdebe?*	175.247	13
Asarmot	*Hadramaut*		11b
Asasontamar	não localizado		
Ascalon	*ʿAsqalān*	107.118/E.3	2, 4-10, 11a
Asemona	não localizado		
Asena	não localizado		
Aser		154-182.231-333	4
Aseritas	cf. Sur		
Ásia		D-F.2	15
Asiongaber	*Ğezīret Firaʿūn*	135.875	3, 5-6
Asoquis	*Tell el-Bedēwīye*	174.243	13
	cf. tb. Hanaton		
Asor	*Yāzūr*	131.159	4, 7
Asquenez		G.1	9, 11b
Asriel		160-180.165-170	4-5
Assa	*Zāwata*	171.183	6
Assedim	cf. Sidônia		
Asser I	cf. Aser		
Asser II	não localizado		
Assíria		G.2	8, 11b
Assos	*Behremkale*	D.2	15
Assur I	*Qalʿat Šerqāt*	G.2	8-10
Assur II	cf. Assíria		
Assur III	cf. Sur		
Astarot	*Tell ʿAštara*	245.246	2, 4-5
Astarot-Carnaim	cf. Astarot		
Asuru	cf. Asor		
Atac	não localizado		
Atalia	*Antalya*	E.2	15
Atarim	não localizado		
Atarot I	*Tell eš-Šēḫ Ḍiyāb*	190.161	4-5
Atarot II	cf. Atarot-Atar		
Atarot III	*Ḫirbet el- ʿAṭṭārūs*	213.109	5-6
Atarot-Atar	— —	170.142	4
	perto de *Ḫirbet ʿAṭṭāra*	170.143	
Atarot-Bet-Joab	não localizado		
Atarot-Sofã	não localizado		
Atenas	Atenas	C.2	10, 15
Auranítide	*Ğebel ed-Drūz*	260-320.230-260	12-14
Ava I		085-110.080-100	4-5
Ava II	não localizado		
Áven	cf. Belém		
Avim	não localizado		
Avit	não localizado		
Azeca	*Tell Zakarīye*	144.123	4-7, 11a
Azmot	cf. Bet-Azmot		
Aznot-Tabor	*Umm Ğebēl*	186.237	4
Azoto	*Esdūd*	117.129/E.3	2, 4-10, 11a
Azoto (província)			11a
Azoto-Iam	*Mīnet el-Qalʿa*	114.132	7
Baal	cf. Baalat-Beer		
Baala I	não localizado		
Baala II (monte)		130.140	4
Baalat	*el-Muġār?*	129.138	4-5
Baalat-Beer	não localizado		
Baal-Farasim	*Gīlo*	167.127	5-6
Baal-Fegor	cf. Bet-Fegor		
Baal-Gad	não localizado		
Baal-Hamon	não localizado		
Baal-Hasor	*Ğebel el-ʿAṣūr*	177.153	1, 5, 12-13
Baal-Hermon	cf. Hermon		
Baal-Meon	*Māʿīn*	219.120	4-7
Baal-Salisa	*Kafr Ṯilṯ*	154.174	6
Baal-Sefon	*Rās el-Kasrūn*	966.071	3
Baal-Tamar	*Ğebel eṭ Ṭawīl*	172.145	5
Babel	*Babīl*	G.3	8-10, 11b
Babilônia		G-H.3	8-10
Baca	*el-Buqēʿa?*	181.264	12-13
Baitogabris	*Bēt Ğibrīn*	140.112	12-13
Balot	não localizado		
Bamot-Baal?	*Ḫirbet el-Quwēğīye?*	220.127	4-6
Baraca	não localizado		
Barad	não localizado		
Basã		210-240.215-240	1, 4-7
	cf. tb. Bataneia		
Basca	não localizado		
Bascama	não localizado		
Bascat	não localizado		
Batana	cf. Bet-Anot		
Bataneia		210-240.215-240	13-14
	cf. tb. Basã		
Batira	*Nawa?*	247.255	13
Bat-Rabim	não localizado		
Batuel	não localizado		
Baurim	*Barrūka*	175.131	5
Bebai	não localizado		
Beceat-Áven	*Planície de Beqaʿ*	220-230.320-360	6
Bectilet	não localizado		
Beer I	não localizado		
Beer II	não localizado		
Beeraim	*Būrīn*	173.176	6
Beer-Elim	não localizado		
Bela	cf. Segor		
Belém I	*Bēt Laḥm*	169.123	4-7, 11a, 14
Belém II	*Bēt Laḥm*	168.238	4-5
Ben Enom (vale do)	cf. Enom (vale)		
Bênção (vale da)	*Ḫirbet Burēkūt?*	163.116	11a
Benê-Barac	*Ibn Ibrāq*	133.160	4, 7
Benê-Jacã	não localizado		
Benjamim	Benjamin	158-202.130-148	4
Beon	não localizado		
Bereia I	*Ḫirbet el-Burğ*	167.135	12
	cf. tb. Berot		
Bereia I	*Ḫalep*	F.2	10, 15
Bereia II	*Verria*	C.1	15
Berot	*Ḫirbet el-Burğ*	167.135	5, 11a
Berota	*Berētā*	F.3	8-9
Berotai	cf. Berota		
Bersabeia I	*Bīr es-Sebaʿ*	129.071	1, 4-7, 11a, 12-13
Bersabeia II	*Ḫirbet Abū Šība*	189.259	12-13
Besor	*Wādī es-Sebaʿ*	135.075-105.070	5
Bet Amam	não localizado		
Bet Jesimot	*Tell el-ʿUzēme*	208.132	4-5, 7
Bet Marcabot	não localizado		
Bet-Acarem	*Ḫirbet Ṣāliḥ/Rāmat Rāḥēl*		170.127
			4, 7, 11a
Bet-Anat	*Ṣafad el-Baṭṭīh?*	190.289	2, 4-5, 12
Betânia I	*el-ʿĀzarīye*	174.130	14
Betânia II	*Tell el-Ḫarrar*	206.136	14
Bet-Anot	*Ḫirbet Bēt ʿEnūn*	162.107	4
Bet-Arabá	*ʿĒn el-Ġarbe*	197.139	4-5
Bet-Aram	*Tell el-Rāme*	211.137	2, 4-5
Bet-Arbel	não localizado		
Bet-Asbea	não localizado		
Bet-Áven	cf. Betel		
Bet-Azmot	*Ḥezme*	175.138	11a
Bet-Baal-Meon	cf. Baal-Meon		
Bet-Bamot	cf. Bamot Baal		
Bet-Basi	*Ḫirbet Bēt Baṣṣa*	171.122	12
Bet-Bera	não localizado		
Bet-Berai	não localizado		
Bet-Car	não localizado		
Bet-Dagon I	não localizado		
Bet-Dagon II	não localizado		
Bet-Diblataim	cf. Elmon-Diblataim		
Bet-Eced	*Bēt Qād?*	183.209	6

Nome da localidade na Bíblia	Nome atual da localidade	Coordenadas	Mapas
Bet-Eced-dos--Pastores	cf. Bet-Eced		
Bet-Éden		F.2	8-9
Betel	cf. Betel		
Betel I	*Ğalūl?*	231.125	2
Betel II	*Bētīn*	172.148/F.3	4-9, 11a, 12a 13
Bet-Emec?	*Ḫirbet el-Lūn?*	173.245	4
Beten	*Ḫirbet Abṭūn?*	160.241	4
Beter	*Ḫirbet el-Yehūd*	162.126	4
Betesda	cf. Jerusalém		16b
Bet-Esel	não localizado		
Betfagé	*Kafr eṭ-Ṭūr*	174.131	14
Bet-Fases	não localizado		
Bet-Fegor	*Ḫirbet ʿUyūn Mūsā*	220.131	4-5
Bet-Félet	não localizado		
Bet-Gã	*Ğinīn*	178.207	6
Bet-Gader	cf. Guedor		
Bet-Gamul	*Ḫirbet el-Ğumēl*	235.100	7
Bet-Guilgal	cf. Guilgal		
Bet-Hanã	não localizado		
Bet-Hogla	*Dēr Ḥağla* perto de *ʿĒn Ḥağla*	197.136	4, 12-13
Bet-Horon (inferior)	*Bēt ʿŪr eṭ-Taḥtā*	158.144	4-5, 11a
Bet-Horon (superior)	*Bēt ʿŪr el-Fōqā*	160.143	2, 4-5, 11a, 12-13
Bet-Leafra	*eṭ-Ṭayyibe*	153.107	6
Bet-Lebaot	não localizado		
Bet-Leptefá	*Ḫirbet Bēt Nattīf*	149.122	13
Bet-Maaca	cf. Abel-Bet-Maaca		
Bet-Maús	*Ḫirbet Nāṣir ed-Dīn*	199.242	13
Bet-Melo	não localizado		
Bet-Meon	cf. Baal Meon		
Bet-Nemra	*Tell Nimrīn*	209.145	4-5, 13
Betomestaim	não localizado		
Betonim	*Ḫirbet Baṭne*	216.156	4
Bet-Peor	cf. Bet-Fegor		
Bet-Roob	cf. Roob		
Betsã	*Tell el-Ḥuṣn*	197.212	2, 4-5
Betsaida	*et-Tell*	209.257	14
Bet-Sames I	*Ḫirbet er-Rumēle*	147.128	2, 4-6
Bet-Sames II	*Ḫirbet Šēḫ eš-Šamsāwī?*	199.232	2, 4-5
Bet-Sames III	*Ḫirbet Tell er-Ruwēsi?*	181.271	4
Bet-Sames IV	*Tell Ḥiṣn*	776.955/E.3	3, 8-9
Bet-Searim	*eš-Šēḫ Burēq*	162.234	13
Bet-Seta	*Šaṭṭā*	190.217	5
Bet-Sur	*Ḫirbet eṭ-Ṭubēqa*	159.110	4-7, 11a, 12-13
Bet-Tafua	*Taffūḥ*	154.105	4-5
Bet-Togorma	não localizado		
Betul	não localizado		
Betúlia	não localizado		
Bet-Zacarias	*Bēt Sakāriye*	1618.1189	12-13
Bet-Zet	*Ḫirbet Bēt Ziʿta*	161.114	12
Bet-Zitti	*Zēta*	F.3	9
Bezec	*Ḫirbet Ibzīq*	187.197	5
Biblos	cf. Gebal		
Bitínia		D-E.1	15
Boen (pedra de)	não localizado		
Boquim	não localizado		
Bor-Asã	não localizado		
Borsipa	*Birs Nimrūd*	G.3	10
Boses	no *Wādī eṣ-Ṣuwēnīt*	175.141	5
Bosor	cf. Bosra II		
Bosora	*Boṣrā eski Šām*	289.214	2, 13
Bosra I	*Buṣērā*	208.018	5-7
Bosra II	não localizado		
Bosra III	cf. Bosora		
Bubástis	cf. Pi-Beset		
Buz		H.4	8
Cabseel	não localizado		
Cabul I (localidade)	*Kābūl*	170.252	4-5, 13
Cabul II (território)		155-170.240-270	5
Cades	cf. Cades Barne		
Cades (no Orontes)	*Tell Nebī Mend*	F.3	8
Cades Barne	*ʿĒn el-Qudērāt*	096.006	1, 3-5
Cafaiora	*Ḫirbet Umm Burğ*	147.115	13
Cafar Saba	*Ḫirbet Ṣābīya*	141.177	13
Cafarabis	*Tarqūmīya*	151.109	13
Cafar-Emona	não localizado		
Cafarnaum	*Tell Ḥūm*	204.254	13-14
Cafarsalama	*Ḫirbet ʿĪd?*	167.140	12-13
Cafartobá	*eṭ-Ṭayyibe?*	153.107	13
Cafenata	cf. Jerusalém		16b
Cafira	*Ḫirbet Kefīre*	160.137	4-5, 11a
Cáftor	cf. Creta		11b
Caim	cf. Quenitas		
Cain	*Ḫirbet Yaqīn?*	165.100	4
Calane	*Tell Taginat?*	F.2	8
Caldeia		G-H.3	8-10
Cale	*Kalḫū*	G.2	8-9, 11b
Cali	*Rās ʿAli*	165.242	4
Caliroé	*ʿAin ez-Zāra*	203.111	13
Cam I	*Ḥām*	226.213	5
Cam II	cf. Egito		
Camaam (refúgio de)	não localizado		
Caminho do Mar		850-230.025-330	1, 3
Camon	*Ḫirbet Umm el-Ġizlān*	216.222	5
Caná (torrente)	*Wādi Qānā*	174.172-139.170	1, 4
Caná I	*Qānā*	178.290	2, 4
Caná II	*Ḫirbet Qānā*	178.247	13-14
Canaã		100-240.100-350	2, 11b
Canat	*Qanawāt?*	302.241	2, 5, 13
Canu	cf. Canat		
Capadócia		E-F.2	15
Cáraca	não localizado		
Carca	não localizado		
Carcar	não localizado		
Carcar	*Ḫirbet Qerqūr*	F.2	8
Carem	cf. Bet-Acarem		
Cária		D.2	10
Cariataim I	*Ḫirbet el-Qurēyāt*	215.124	4-7
Cariataim II	cf. Cartã		
Cariat-Arbe	cf. Hebron		
Cariat-Baal	não localizado		
Cariat-Husot	não localizado		
Cariat-Iarim	*Dēr el-Azhar*	159.135	4-5, 7, 11a
Cariaton	cf. Cariataim I		
Cariat-Sana	cf. Dabir		
Cariat-Séfer	cf. Dabir		
Cariot	*Ḫirbet Qurēyāt ʿAlēyān*	233.104	6-7
Cariot-Hesron	*Ḫirbet el-Qaryatēn*	161.083	4
Carit (torrente)	não localizado		
Carit (torrente)	não localizado		
Carmelo (localidade)	*el-Kirmil*	162.092	4-5
Carmelo (montanha)	*Ğebel Karmel*	146.248-170.210	1, 4-7, 12-13
Carmim	cf. Abel-Carmim		
Carnac	cf. Nô-Amon		
Carnaim	*Šēḫ Saʿad*	247.249	5-6, 12-13
Carnaim (província)		205-280.215-278	6-7
Carquemis	*Ğerāblūs*	F.2	8-9
Carta	não localizado		
Cartã	não localizado		
Carvalho (vale do)	*Wādī es-Sanṭ*	123.130-155.125	5
Casalot	não localizado		
Casfia	não localizado		
Casib	cf. Aczib I		
Casluítas	não localizado		
Caspin	não localizado		
Cássio (monte)	*Rās el-Kasrūn*		
cf. tb. Baal-Sefon	966.071	3	
Catet	não localizado		
Cauda	*Gavdos*	C.3	15
Cedar		F.4	8-10
Cedes I	*Tell Qedes*	199.279	4-5, 12-13
Cedes II	cf. Cades Barne		
Cedimot	*es-Sālīya*	237.095	4-5
Cedron (localidade)	*Qaṭra*	129.136	12
Cedron (torrente)	cf. Jerusalém		16a, 16b
Ceelata	não localizado		
Cefirim	não localizado		
Ceila	*Tell Qīla*	150.113	2, 4-5, 11a

Nome da localidade na Bíblia	Nome atual da localidade	Coordenadas	Mapas
Celessíria		F.3	10
Célus	*Ḫalaṣa*	117.056	13
Cencreia	*Kechriaes*	C.2	15
Cenezeus			4-5
Cesareia (marítima)	*Qaiṣarīye*	140.212/E.3	13-15
Cesareia de Filipe	*Bānyās*	215.294	14
Ceselet-Tabor	*Iksāl?*	180.232	4, 13
Cesil	não localizado		
Cesion	não localizado		
Ceteus	cf. Cition		
Cetlis	não localizado		
Cetron	não localizado		
Chipre	*ʿAqabat Ǧabr*	190.139	13
Chipre	Chipre cf. tb. Elisá	E.2-3	10, 15
Cibrot-ataava	não localizado		
Cibsaim	*Tell el-Mazār*	196.171	4
Cidade do Sal	*ʿĒn el-Ġuwēr?*	189.115	4
Cidissos	cf. Cedes II		
Cilícia		E-F2	10, 15
Cina	*Ḫirbet Ġazze*	165.068	4
Cirene	*Barka*	C.3	10, 15
Citas		F-H.1	10
Cition	*Larnaka*	E.3	8-10, 11b
Citópolis	*Tell el-Ḥuṣn* cf. tb. Betsã	197.212/F.3	12-15
Cnido	*Knidos*	D.2	10, 15
Coa	não localizado		
Coa	cf. Que		
Coba	não localizado		
Cobar	*Šaṭṭ en-Nīl*	H.3	9
Cola	não localizado		
Colossos	*Honaz*	D.2	15
Comagena		F.2	15
Cona	não localizado		
Coraia	*Tell el-Mazār*	195.171	13
Corazim	*Ḫirbet Kerāze*	203.257	14
Corinto	*Korinthos*	C.2	15
Cós	*Kos*	D.2	10, 15
Cozeba	não localizado		
Creta	Creta cf. tb. Cáftor	C-D.2-3	10, 15
Cub	não localizado		
Cuch	não localizado		
Cuch		C.6	10, 11b
Culon	não localizado		
Cumidi	*Kāmid el-Lōz*	227.337	2
Cun	*Rās Baʿalbek?*	280.413/F.3	10
Cur	*Kūr*	159.182	6
Cusã	não localizado		
Cuta	*Tell Ibrahīm?*	G.3	8
Dã I (tribo)		118-160.128-168 e 208-215.290-298	4
Dã II (localidade)	*Tell el-Qāḍī*	211.294	1, 4-6
Daberet	*Ḫirbet Dabūra*	185.233	4, 13
Dabir I	*Ḫirbet er-Rabūd*	151.093	4-5
Dabir II	*Ṭōǧret ed-Debr*	187.134	4
Dadã	*el-ʿUlā*	F.4	9-10, 11b
Dafca	não localizado		
Dafne I	*Ḫirbet Dafne*	209.292	13
Dafne II	*Bēt el-Māʾ*	F.2	15
Dagon	*Ǧebel Qaranṭal* cf. tb. Doc	190.142	13
Dalmácia		B.1	15
Dalmanuta	não localizado		
Damasco	*Dimašq*	273.324/F.3	1, 2, 5-10, 12, 14-15
Damasco (província)			6
Dana	não localizado		
Danaba	não localizado		
Datema	não localizado		
Debaset	*Tell eš-Šammām?*	164.230	4
Decápole		185-268.135-255	13-14
Decla	não localizado		
Deleã	não localizado		

Nome da localidade na Bíblia	Nome atual da localidade	Coordenadas	Mapas
Delos	*Delos*	C.2	10
Derbe	*Kerti Hüyük*	E.2	15
Dessau	não localizado		
Dibon	*Ḏībān*	224.101	1-7
Difate	cf. Rifat		
Dimna	cf. Remon		
Dimon	*Ḫirbet el-Ḫarazīya*	216.077	6
Dimona	não localizado		
Dion	*Tell Ašʿarī?*	245.239	2, 13-14
Dizaab	não localizado		
Doc	*Ǧebel Qaranṭal*	190.142	12
Dor	*Ḫirbet et-Burǧ*	142.224/E.3	2, 4-5, 8-9, 12-13
Dotain	*Tell Dōtān*	173.202	4-6, 12
Duma	*ed-Dūme*	148.093	4
Dur Sharrukin	*Ḫorsabad*	G.2	8
Dura	não localizado		
Ebal	*Ǧebel Islāmīye*	177.182	1, 5, 12
Ebal	não localizado		
Ebenezer I	*ʿIzbet Ṣarṭa?*	146.167	5
Ebenezer II	não localizado		
Ebla	*Tell Mardīḫ*	F.2	8
Ebron	cf. Abdon		
Ebrona	não localizado		
Ecbátana	*Hamadān*	H.3	10
Ecdipon	*ez-Zīb* cf. tb. Aczib	159.272	13
Edema	*Ḫirbet Madyan*	193.245	4
Éden I	não localizado		
Éden II	cf. Bet-Éden		
Éder	cf. Arad		
Edom		max. 100-260. 930-050 E-F.3	 1, 3-10 2, 4-5
Edrai I	*Derʿā*	253.224	2, 4-5
Edrai II	não localizado		
Efa	não localizado		
Efes-Domim	não localizado		
Efes-Domim	não localizado		
Éfeso	*Selçuk*	D.2	15
Efra I	*eṭ-Ṭayyibe*	178.151	4-5
Efra II	*Tell Ṣōfar*	173.181	5
Efraim I (tribo)		120-202.140-184	4
Efraim II (localidade)	cf. Efron I		
Efraim III (estado)		140-202.142-205	6
Efraim IV (montanhas)		160-190.145-210	1
Éfrata I	não localizado		
Éfrata II	cf. Belém I		
Efron (montanhas)	não localizado		
Efron I	*eṭ-Ṭayyibe* cf. tb. Efra	178.151	11a, 13
Efron II	*eṭ-Ṭayyibe*	217.216	12-13
Egito		D-E.3-4	3, 8-10, 15
Eglaim	não localizado		
Eglat-Salisia	não localizado		
Eglon	*Tell el-Ḥesī?* perto de *Ḫirbet ʿAǧlān*	124.106 123.108	 4-5
Egrebel	não localizado		
Elam		H-I.3	8-10,11b
(El-Amarna)	*el-Amarna*	E.4	8
Elasa	*Ḫirbet -Ilʿasā*	160.144	12
Elasar	não localizado		
Elat	*Tell el-Ḫulēfī* no período do NT: *el-ʿAqaba*	147.884 149.882	3, 5-7 10
El-Betel	cf. Bet-El		
Elcós	não localizado		
Eleale	*Ḫirbet el-ʿĀl*	228.136	5-7
Elef	não localizado		
Elêutero	*Nahr el-Kebīr*	F.3	10
El-Farã	*ʿAyyil*	201.958	5
Elim	não localizado		
Elimaida	não localizado		
Elisa	Chipre	E.2-3	8-9, 11b
Elmatã	*Immātīn*	165.177	6
Elmelec?	*et-Tell/el Kabri?*	163.268	4

Nome da localidade na Bíblia	Nome atual da localidade	Coordenadas	Mapas
Elmodad	não localizado		
Elmon-Deblataim	*Ḫirbet Dulēlat eš-Šerqīye*	228.116	3, 5-7
Elon	cf. Aialon		
Eltece	*Tell eš-Šallāf?*	128.144	4, 7
Eltecon	não localizado		
Eltolad	não localizado		
Emar	*Meskene*	F.2	8
Emat	*el-Manāra* perto de *Ḥammām*	201.240	4
Emat (a grande)	cf. Emat de Soba		
Emat de Soba	*Ḥamā*	312.503/F.2-3	8-10, 11b
Emat I	cf. Emat de Soba		
Emat II	*Tell el-Ḥamme*	197-197	2
Emaús I	*ʿAmwās*	149.138	12-14
Emaús II	*Bīr el-Ḥamām?*	171.141	14
Emaús III	*Qalūnyā*	165.133	13
Emim		205-240.050-095	2
Enacitas		090-125.080-165	2, 4-5
Enaim	não localizado		
Enam	não localizado		
En-Coré	não localizado		
Encosta de Sis		170.120-183.100	6, 11a
Endor	*Ḫirbet Ṣafṣafe*	187.227	4-5
En-Eglaim	não localizado		
Engadi	*Tell el-Ǧurn*	187.097	4-5, 7, 13
En-Hada	*Ḥadeṯa*	196.232	4
En-Hasor	não localizado		
En-Hatanin	cf. Dragão (fonte do)		
En-Mispat	cf. Cades		
Enom	não localizado		
Enom (vale)		171.132-173.131	4, 16a, 16b
En-Remon	*Tell el-Ḫuwēlife*	137.087	4, 11a
En-Roguel	*Bīr ʾEyyūb*	172.130	4-5
En-Sames	*ʿĒn el-Ḥōḍ*	175.131	4
En-Tafua	*Yāsūf* cf. tb. Jasub	172.168	4
Esaã	não localizado		
Escada Tíria	*Rās en-Nāqūra*	160.277	12-13
Escol	não localizado		
Escopos	*Rās el-Mušārif*	173.133	13
Esec	não localizado		
Esem	*Harābat el-ʿAzam?*	148.055	4-5
Eshnunna	*Tell Asmar*	G.3	8
Esmirna	*Izmir*	D.2	15
Esna	*Iḏna*	148.107	5
Espanha	*Espanha*		10
Esparta	*Sparti*	C.2	10, 15
Essa	não localizado		
Estaol	*Išwaʿ*	151.132	4-5
Estemo	*es-Samūʿa*	156.089	4-5
Estrada do Incenso		150-220.680-910	1, 3
Estrada Real		145-275.985-325	1
Etacasim	*Karm er-Rās?*	181.239	4
Etam (deserto)		880-920.960-000	3
Etam I	*Ḫirbet el-Ḫōḫ*	166.121	4-5, 7
Etam II	*ʿAraq Ismaʿīn* ou Etam I	153.130	5
Etam III	não localizado		
Etam IV	não localizado		
Eter I	*Ḫirbet el-ʿAṭār*	138.113	4
Eter II	não localizado		
Etiópia	cf. Cuch		
Eufrates	*Firat*	F-H.2-3	8-10, 15
Ezra	não localizado		
Facud		H.3	9
Fanuel	*Tell el-Ḥamme (Leste)*	211.178	5-6
Fara	*Ḫirbet ʿĒn Fāra*	179.137	4
Farã I		980-050.760-840	3, 5-6
Farã II		060-160.840-920	3
Farasim	cf. Baal-Farasim		
Faraton	*Ferʿata*	165.177	5, 9, 12
Farés-Oza	não localizado		
Farfar	*Nahr el-ʿAwaǧ*	226-285.297-309	6
Fasélis	*Ḫirbet Faṣāʾil*	191.159	13
Fasélis	*Tekir Ova*	E.2	10
Fasga	cf. Nebo		

Nome da localidade na Bíblia	Nome atual da localidade	Coordenadas	Mapas
Fau	não localizado		
Fegor	*Ḫirbet Fāġūr*	163.119	4-5
Fenícia		165.205.282-332/ F.3	5, 6, 8-9, 15
Fênix	*Porto Loutro*	C.2	15
Feor	cf. Bet-Fegor cf. Fegor		
Fiale (lago)	*Birket er-Rām*	221.292	13
Filadélfia I	*Alaşehir*	D.2	15
Filadélfia II	*ʿAmmān* cf. tb. Rabá (dos amonitas)	238.151	13-14
Filipos	*Filibe Djik*	C.1	15
Filisteia		060.050-150.170	12
Filisteus		060.050-150.170	1, 4-7
Filoteria	cf. Senabris		
Finon	*Fēnān*	197.004	3, 5
Fison	cf. Nilo		
Fonte do Dragão	cf. Jerusalém		16a
Fonte do Sol	cf. En-Sames		
Foro de Ápio	*San Donato*	A.1	15
Frígia		E.2	10, 15
Fut		C.3-4	10, 11b
Gaás	não localizado		
Gaba	*Tell Abū Šūše*	163.224	2, 13
Gaba de Benjamim	cf. Gaba		
Gaba I	*Ǧebaʿ*	175.140	4-7, 11a
Gaba II	*Ǧebaʿ*	171.192	5
Gaba III	não localizado		
Gabaá (em Benjamim)	*Tell el-Fūl*	172.136	4-6, 13
Gabaá (em Efraim)	não localizado		
Gabaá (em Judá)	não localizado		
Gabaá-Aquila	não localizado		
Gabaon	*el-Ǧīb*	167.139	4-7, 11a, 13
Gabara	*ʿArrābe*	182.250	13
Gaba-Sêmen	*Tell el-ʿAmr?*	159.237	2
Gábata	cf. Jerusalém		
Gabim	não localizado		
Gad		200-260.130-193	4
Gadaam	não localizado		
Gadara I	*Umm Qēs*	214.229	13-14
Gadara II	*Tell Ǧadūr*	220.160	13
Gader	não localizado		
Gaia	*Ḫirbet ed-Dawwāra*	178.141	5
Galaad (localidade)	*Ḫirbet Ǧalʿād*	223.169	5
Galaad (província)			6
Galaad (território)		200-250.160-235/ F.3	1, 2, 4-5, 7, 9, 12
Galácia		E.2	15
Galed	não localizado		
Galileia		170-205.230-300	1, 4-6, 12-14
Galim	*Ḫirbet Kaʿkūl?*	173.135	4-6
Gamala	*es-Salām*	219.256	13
Gamzo	*Ǧimzū*	145.148	11a
Gareb	cf. Jerusalém		16a
Garis	*Ḫirbet Kennā?*	180.240	13
Garizim	*Ǧebel eṭ-Ṭōr*	176.179	1, 5, 12-13
Garu	*Ǧōlān* cf. tb. Gaulanítide	210-260.233-280	2
Gat	*Tell eṣ-Ṣāfī*	135.123/E.3	2, 4-9
Gat-Carmelo	*Tell Abū Ḥawām*	152.245	2
Gat-Eti?	*Tell Ǧenʿābe?*	238.177	2
Gat-Ofer	*Ḫirbet ez-Zerrāʿ*	180.238	4, 6
Gat-Padalla	*Tell Ǧett*	154.200	2
Gat-Remon	*Tell el-Ǧerīše*	132.166	2, 4
Gaulanítide	*Ǧōlān* cf. tb. Garu	210-260.233-280	13-14
Gaza	*Ġazze*	099.101/E.3	1-10, 11a, 12-14
Gazer	*Tell Ǧazarī*	142.140	2, 4-6, 11, 13
Gebal I	*Ǧebēl/Byblos*	210.391/F.3	8-10
Gebal II		F.3	10
Ǧebel Mūsā	*Ǧebel Mūsā*	050.770	3
Gebeton	*Rās Abū Ḥamīd*	139.145	2, 4, 6
Gedera	*Ḫirbet Ǧudrāya*	149.121	4
Gederot	não localizado		

Nome da localidade na Bíblia	Nome atual da localidade	Coordenadas	Mapas
Gederotaim	não localizado		
Gedor	*Ḫirbet Ğedūr*	158.115	4-5
Ge-Enom	cf. Enom (vale)		16a, b
Gelboé	*Ğebel Fuqūʿa*	180.210-195.200	1, 5
Gelilot	não localizado		
Ge-Mela	cf. Vale do Sal		
Genesaré		196.250-204.256	14
Geon	cf. Jerusalém		16a
Gerara	*Tell Abū Hurēra*	112.087	5, 11a
Gerasa	*Ğeraš*	234.187	13-14
Gergeseus	não localizado		
Gessen I	*Wādī eṭ-Ṭumēlāt*	840-890.990-030	3
Gessen II	não localizado		
Gessur I		210-240.230-260	4-5
Gessur II	não localizado		
Getaim	não localizado		
Geter	não localizado		
Getsêmani	cf. Jerusalém		16b
Gilo	não localizado		
Ginaia	*Ğinīn* cf. tb. Bet-Gã	178.207	13
Giscala	*el-Ğīš*	191.270	13
Goa	não localizado		
Gob	não localizado		
Gofna	*Ğīfna*	170.152	13
Goim	não localizado		
Golã	*Ṣaḥem el-Ğōlān*	238.243	4-5, 13
Gólgota	cf. Jerusalém		16b
Gomer		E.2	9, 11b
Gomorra	não localizado		
Goren-Atad	não localizado		
Gortina	*Choustelliara*	C.2	10
Gozã	*Tell Ḥalaf*	G.2	8-9
Grécia	Grécia	B-D.1-2	10, 15
Guibat Ama	cf. Ama		
Guibat Benjamim	cf. Gabaá (em Benjamim)		
Guibat Elohim	cf. Gabaá (em Benjamim)		
Guilgal	*Arḍ el-Mefǧīr?*	194.142	3-6, 11a
Guiná	*Ğinīn* cf. tb. Bet-Gã	178.207	2
Gur	*Ḫirbet Naǧǧār*	178.205	5
Gur-Baal	não localizado		
Habor	*Ḫābūr*		8-9
Hacéldama	cf. Jerusalém		16b
Hadasa	não localizado		
Hadid	*el-Ḥadīṯe*	145.152	11a, 12-13
Hadrac	*Tell Āfiṣ*	F.2	8-9
Hafaraim	*eṭ-Ṭayyibe?*	192.223	4
Hai I	*et-Tell* cf. tb. Aía	174.147	5
Hai II	não localizado		
Hala	não localizado		
Hala	não localizado		
Halicarnasso	*Bodrum*	D.2	10
Halul	*Ḥalḥūl*	160.109	4, 13
Hamata	não localizado		
Hamon I	*Ḫirbet Umm el-ʿAmed*	164.281	4, 12
Hamon II	cf. Emat		
Hamona	não localizado		
Hamot-Dor	cf. Emat		
Hananeel (torre)	cf. Jerusalém		16b
Hanaton	*Tell el-Bedēwīye*	174.243	2, 4
Hanes	*Ḥinēs*	E.3	8
Harã	*Ḥarrān*	F.2	8-10
Harada	não localizado		
Harcar	*Kerak?*	217.066	2
Hares	cf. Ar-Hares		
Harif	não localizado		
Harod I (fonte)	*ʿĒn Ğālūd*	184.217	5
Harod II (localidade)	*Nūris?*	184.215	5
Haroset-Goim	*Tell el-ʿAmr?*	159.237	5
Hasar-Adar	não localizado		
Hasar-Enã	não localizado		
Hasemon	não localizado		

Nome da localidade na Bíblia	Nome atual da localidade	Coordenadas	Mapas
Haser-Gada	não localizado		
Haserot I	não localizado		
Haserot II	*ʿAṣīret eš-Šemālīye*	175.184	6
Haser-Susa	não localizado		
Hasor I	*Tell el-Qedaḥ*	203.269	2, 4-7, 13
Hasor II	não localizado		
Hasor III	não localizado		
Hasor-Adata	não localizado		
Hasor-Sual	*Ḫirbet el-Waṭen?*	137.071	4, 11a
Haurã	Território de *Ğebel ed-Drūz*	280.350.250-200	7
Hebron	*Ğebel er-Remēde*	160.103	1, 4-7, 11a
Helam	*ʿIlmā?*	267.239	5
Helba	cf. Maaleb		
Helbon	*Ḥalbūn*	265.342/F.3	9
Helcat	*Tell el-Qassīs*	160.232	2, 4
Helcat-Assurim	não localizado		
Helec	não localizado		
Helec		165.175.195-185	4-6
Helef	*Ḫirbet ʿIrbāda?*	189.236	4
Heliópolis	cf. Bet-Sames IV		
Helon	não localizado		
Hermon	*Ğebel eš-Šēḫ*	225.303	1, 4-6
Heródion I	*Ğebel Furēdīs*	173.119	13
Heródion II	*el-Ḥabbasa?*	214.138	13
Hesebon	*Tell Ḥisbān*	226.134/F.3	1, 4-10, 11a, 12-13
Hesmona	não localizado		
Hesron	*Bīr el-Ḥadīra?*	061.005	4
Het		D-F.1-2	8-9, 11b
Hetalon	não localizado		
Heveus	não localizado		
Hévila			11b
Hidaspes	não localizado		
Hierápolis	*Pambuk Kalessi*	D.2	15
Hipos	*Qalʿat el-Ḥiṣn*	212.242	13-14
Hircânia	*Ḫirbet el-Mird*	184.125	13
Hoba	não localizado		
Hodu	Índia		
Hor	*Ğebel Hārūn*	188.969	1, 3, 5
Horeb	cf. Sinai		
Horém	não localizado		
Horesa	não localizado		
Hor-Gadgad	não localizado		
Horma	*Ḫirbet el-Ġarra?*	148.071	3-5
Horon	cf. Bet-Horon		
Horonaim	*ed-Dēr*	215.073	5-7
Hosa	*Tell Rāšīdīye*	170.293	4, 6-7
Hucoca	*Ğebel eš-Šēḫ?*	181.236	4
Hul	não localizado		
Hus I		F.4	9-10
Hus II	não localizado		
Husa	*Ḥūsān*	162.124	5
Iahweh Proverá	não localizado		
Icônio	*Konya*	E.2	15
Idumeia		110-185.055-120	11a, 12-14
Ilíria		B.1	15
Ir-Canat	cf. Arqa		
Ir-Hares	cf. Bet-Sames IV		
Irnaás	não localizado		
Ir-Sames	*Ḫirbet ʿĒn Šems*	148.128	4
Ismaelitas		150-260.300-960	5
Israel		max. 120-260. 110-300/E-F3	5-6, 8
Issacar		180-205.215-237	4
Itália	Itália	A-B.1-2	15
Itla	não localizado		
Itureia		200-240.290-330	14
Jaar	não localizado		
Jaar-Heret	não localizado		
Jabes	não localizado		
Jabes deGalaad	*Tell el-Maqlūb*	214.201	5
Jabne	cf. Jebnael		
Jaboc	*Nahr ez-Zerqā*	240.150-203.168	1, 3-5
Jafé	cf. Efa		
Jáfia	*Yāfā*	176.232	4-5, 13

Nome da localidade na Bíblia	Nome atual da localidade	Coordenadas	Mapas
Jagur	não localizado		
Jair (aldeias de)	cf. Basã		
Jâmnia	*Yebna*	126.141	12-13
Janoe	*Tell Nā'am*	198.235	2
Janoe I	*Ḫirbet Yānūn*	184.173	4
Janoe II	*Giv'at ha-Šoqet*	203.293	6
Janum	não localizado		
Jaquém	*Ḫirbet Yemmā*	153.197	2
Jarafel	não localizado		
Jaré	não localizado		
Jarmuc	*Nahr el-Yarmūk*	203.227-239.238	1
Jarmut I	*Ḫirbet Yarmūk*	147.124	4-5, 11a
Jarmut II	*'Ēn el-Ǧirāni*	199.221	4
Jarmut III (monte)	*Belvoir/Kōkab el-Ḥawā*	199.221	2
Jarut	*Yārūt*	218.078	2
Jasa	*Ḫirbet er-Rumēl*	233.109	3-7
Jasit	*Yāṣid*	176.189	6
Jasub	*Yāsūf*	172.168	6
Jasuf	*Tell es-Subāt?*	158.246	2
Javã		D.2 C.2	8-9, 11b 10
Jazer	*Ḫirbet eṣ-Ṣār*	228.150	4-7, 11a, 13
Jazer de Galaad	cf. Jazer		
Jeabarim	*Ḫirbet 'Ay*	211.060	3, 5
Jearim	não localizado		
Jeblaam	*Ḫirbet Bel'ame*	177.205	2, 4-6
Jebneel I	*Yebna*	126.141	4
Jebneel II	*Tell el-Nā'am*	198.235	4
Jebus	cf. Jerusalém		
Jecetel I	não localizado		
Jecetel II	cf. Sela		
Jecmaam	cf. Cibsaim		
Jecnaam	*Tell Qēmūn*	160.229	2, 4-5
Jedala	não localizado		
Jeflatitas		160-170.140-145	4
Jefta	não localizado		
Jeftael	não localizado		
Jeftael (vale de)	*Wādi el-Mālik*	163.242-171.240	4
Jegar-Saaduta	não localizado		
Jegbaá	*Ruǧm al-Ǧubēha*	231.159	5
Jequeb-Zeb	não localizado		
Jerameelitas		120-160.070-090	5
Jericó	AT: *Tell es-Sulṭān* NT: *Tulūl Abū l-'Alāyik*	192.142 191.139	1,3-7,11a, 12 12-14
Jeron	*Yārūn*	189.276	4
Jeruel	não localizado		
Jerusalém	*el-Quds*	172.131/F.3	1-10, 11a, 12-16
Jesana	*Burǧ el-Isāne*	174.156	11a, 13
Jesimon	não localizado		
Jesua	não localizado		
Jeta	*Yaṭṭa*	158.095	4
Jeteba	não localizado		
Jetebata	não localizado		
Jeter	*Ḫirbet 'Attīr*	151.084	4-5
Jetnã	não localizado		
Jeud	*el-Yehūdīye*	139.159	4
Jezrael I	*Zer'īn*	181.218/F.3	4-6, 8, 12
Jezrael II	não localizado		
Jim	não localizado		
Jobab	não localizado		
Jope	*Yaffa*	126.162	2, 4, 11a
Jope	*Yaffa*	126.162/E.3	12-14, 15
Jorda	*Ḫirbet 'Irq?*	108.086	13
Jordão	*Urdunn*	212.294-204.131/F.3	1-7, 11a, 12-14
Jotapata	*Ḫirbet Ǧifāt*	176.248	13
Jucadam	não localizado		
Judá		max. 120-203.065-160/E-F.3	1, 4-10, 11a
Judeia (província)		140-203.105-160	12-14
Júlia I	*Tell er-Rāme* cf. tb. Bet-Aram	211.137	13
Júlia II	*et-Tell* cf. tb. Betsaida	209.257	13-14

Nome da localidade na Bíblia	Nome atual da localidade	Coordenadas	Mapas
(Karatepe)	Karatepe	F.2	8
Laabitas	não localizado		
Labã	não localizado		
Lacedemônia	cf. Esparta		
Lago de Genesaré	*Baḥret Ṭabarīye* cf. tb. Mar de Quineret	199-213.235-255	1, 12-14
Lago Hule		208-211.273-278	1
Lais	*Tell el-Qāḍī* cf. tb. Dã	211.294	2, 4
Laísa	não localizado		
Laodiceia	*Eski-Nissar*	D.2	15
Laquis	*Tell el-Duwēr*	135.108/E.3	1-2, 4-9, 11a
Larsa	*Senkere*	H.3	10
Lasaia	*Kali Limines*	C.3	15
Latusitas	não localizado		
Lebna I	cf. Labã		
Lebna II	*Tell Ǧudēde*	141.115	4-7
Lebo-Emat	*el-Lebwe*	277.397/F.3	7-8
Lebona	*Ḫirbet Ṣūr*	173.164	5
Lecum	*Ḫirbet Manṣūra*	202.233	4
Leemas	*Ḫirbet el-Laḥm?*	140.108	4
Lequi	não localizado		
Lesa	não localizado		
Lesbos	*Lesbos*	D.2	15
Lesem	cf. Dã		
Libá	*Ḫirbet Libb*	222.112	13
Líbano (montanhas)		195-220.310-325	4-6
Líbia		C.3	9-10, 15
Licaônia		E.2	15
Lícia		D-E.2	10, 15
Lida	*el-Ludd* cf. tb. Lod	140.151/E.3	12-14, 15
Lídia		D-E.1-2	9-10
Listra	*Zoldera*	E.2	15
Lod	*el-Ludd*	140.151	2, 11a
Lo-Dabar	não localizado		
Loomitas	não localizado		
Lud I	não localizado		
Lud II	não localizado		
Luit	*Kaṭrabbā*	209.060	6-7
Luza	*Bētīn* cf. tb. Betel	172.148	2, 4-5
Maaca		195-230.260-300	4-5, 7
Maaleb	*Mahālib*	174.303	4-7
Maanaim	*Tulūl eḏ-Ḏahab*	215.177	4-5
Maara	não localizado		
Mabsar	não localizado		
Maced	não localizado		
Maceda	*Ḫirbet el-Kōm*	146.104	4-5
Macedônia		C.1	15
Macelot	não localizado		
Maces	não localizado		
Macmas	*Muḫmās*	176.142	5-6, 11a, 12-13
Macmetat	*Ǧebel el-Kebīr?*	184.182	4
Macpela	cf. Hebron		
Macraput?	*Ǧeraš?* cf. tb. Gerasa	234.187	2
Mactes (morteiro)	cf. Jerusalém		16a
Madai	cf. Média		11b
Madiã		F.4	8-10
Madmana	*Ḫirbet Tātrīṭ*	143.084	4
Madmen	cf. Dimon		
Madmena	não localizado		
Madon	não localizado		
Magadã	cf. Magdala		
Magdala	*Ḫirbet el-Meǧdel*	199.247	14
Magdalel	*Ḫirbet el-Meǧdel*	198.247	4
Magdol	*Tell eḍ-Ḍurūr?*	147.203	2
Magdol	*Tell el-Ḥēr*	913.047/E.3	3, 9
Magdol-Eder	não localizado		
Magdol-Gad	*Ḫirbet el-Meǧdele*	140.105	4
Magog		F.1	9, 11b
Magron	*Tell el-'Askar*		5-6
Malata	*Tell el-Milḥ* cf. tb. Molada	152.069	13

Nome da localidade na Bíblia	Nome atual da localidade	Coordenadas	Mapas
Malos	*Karatāş*		10
Malta	*Malta*	A.2	15
Mambré I	cf. Hebron		
Mambré II	*Rāmat el-Ḫalīl*	160.107	13
Manaat	não localizado		
Manaat	*el-Māliḥa?*	167.128	4
Manassés		129-270.145-255	4
Maon	*Tell Ma'īn*	163.090	4-6
Maquerus	*Ḫirbet el-Mukāwir*	210.108	13
Maquir		205-250.170-190	5
Mar de Quineret	*Baḥret Ṭabarīye* cf. tb. Lago de Genesaré	199-213.235-255	4-5
Mar dos Juncos I	Golfos de Ácaba e Suez		3
Mar dos Juncos II	Lagos Amargos	895-920.950-980	3
Mar dos Juncos III	Lago Sirbônico	925-020.045-065	3
Mar Mediterrâneo		A-F.1-3	1-15
Mar Morto	cf. Mar Salgado		
Mar Salgado	*Baḥr Lūṭ*	184-205.132-053/F.3	1, 4-7, 11a, 11a, 12-14
Mar Vermelho	Golfos de Suez e Ácaba	E-F.4	3, 10
Mara	*'Ēn Ḥawwāra?*	949.864	3
Maresa	*Tell Sandaḥanne*	140.111	4, 6-7, 11a, 12-13
Maret	não localizado		
Mari	*Tell Harīrī*	G.3	8
Marot	não localizado		
Masalot	não localizado		
Maserefot-Maim	não localizado		
Masfa de Galaad	*er-Rāšunī*	222.171	4-5
Masfa de Moab	não localizado		
Masfa I	*Tell en-Naṣbe*	170.143	4-7, 11a, 12
Masfa II	não localizado		
Masfa III	não localizado		
Masreca	não localizado		
Massa I		F.4	8
Massa II	não localizado		
Massada	*es-Sabba*	183.080	13
Matana	*Ḫirbet el-Mudēyine*	236.110	3
Matanitas	não localizado		
Matca	não localizado		
Mea	cf. Jerusalém		16a
Mecona	não localizado		
Medaba	*Mādeba*	225.124	4-6, 12-13
Média		H-I.2-3	8-10, 11b
Medin	não localizado		
Mefaat	*Umm er-Raṣāṣ*	237.101	4
Meguido	*Tell el-Mutesellim*	167.221/F.3	1-2, 4-10
Melo	cf. Jerusalém		16a
Mênfis	*Mītrahīne*	785.932/E.3	3, 8-10
Meni		H.2	9
Menit	*Umm el-Ḥanāfiš*	232.136	5, 7
Meola	cf. Abel-Meúla		
Merala	*Tell el-Bēḍā?*	169.231	4
Merataim		H.3	10
Meriba	não localizado		
Meriba (águas de)	não localizado; cf. Meriba		
Meribat-Cades	não localizado		
Merom	não localizado		
Meronot	não localizado		
Merot	*Mērōn*	191.264	13
Meroz	não localizado		
Mes	não localizado		
Mesa	não localizado		
Mesopotâmia		F-G.2-3	8-10
Mesraim	cf. Egito		
Messal	*Tell Bīr el-Ġarbī?*	166.256	2, 4
Meunitas	não localizado		
Mezaab	não localizado		
Mileto	*Balat*	D.2	15
Mindos	*Gümüşlük*	D.2	10
Mira	*Kale*	E.2	15
Misar	cf. Hermon		
Mísia		E.2	15
Mitani		F-G.2	8
Mitilene	*Mitilini*	D.2	15
Moab		max. 190-250. 030-140/F.3	1, 3-9, 11a
Moab (estado)		190-250.030-140	6
Mocmur	não localizado		
Modin	*Rās Mīdye*	150.148	12-13
Mof	cf. Mênfis		
Molada	*Tell el-Milḥ?*	152.069	4-5, 11a
Monte das Oliveiras	cf. Jerusalém		16a, 16b
Morasti-Gat	*Tell el-Birmāṭ?*	138.115	6-7
Moré I	não localizado		
Moré II	*Ǧebel ed-Daḥi?*	183.225	5
Moriá	não localizado		
Mosa	*Ḫirbet Bēt Mizza*	165.135	4-5, 11a
Mosera	cf. Moserot		
Moserot	não localizado		
Mosoc		D-E.2	9-10, 11b
Mucazi	*Tell es-Sulṭān*	125.147	2
Naalamita	não localizado		
Naal-Escol	não localizado		
Naaliel	não localizado		
Naalol	*Ma'lūl?*	172.234	4-5
Naama	não localizado		
Naarata	___________?	189.147	4, 13
Nababa	não localizado		
Nabateia		200-280.050-330	12-14
Nacor	não localizado		
Nafta	não localizado		
Naftuítas	não localizado		
Naim	*Nēn*	183.226	14
Nataim	não localizado		
Nazaré	*en-Nāṣira*	178.234	14
Nea	*Tell el-Buṭme?*	178.247	4
Neápolis I	*Nāblus*	175.181	13
Neápolis II	*Eski Kavala*	C.1	15
Nebalat	*Bēt Nebālā*	146.154	11a
Nebo (localidade)	*Ḫirbet el-Muḫayyaṭ*	220.128	5-7
Nebo (monte)	*Rās Siyāġa*	218.131	1, 3-5
Nebo II (localidade)	não localizado		
Nebsã	não localizado		
Neftali		173-211.234-296	4
Neftar	não localizado		
Neftoa	cf. Águas de Neftoa		
Negueb		120-170.040-100	1-2, 4-7, 11a, 12
Neiel	cf. Noa		
Nemra	cf. Bet-Nemra		
Nemrim	cf. Águas de Nemrim		
Nesib	*Ḫirbet Bēt Neṣīb*	151.110	4
Netofa	*Ḫirbet Bedd Fālūḥ*	171.119	5, 7, 11a
Nicópolis	*Michalitsion*	C.2	15
Nilo	Nilo	E.3-4	8-10, 15
Nínive	*Kuyunǧik*	G.2	9-10, 11b
Nipur	*Niffer*	H.3	9
Nô	cf. Nô-Amon		
Nô-Amon	*Tebas*	E.4	8-9
Nob	*Rās eṭ-Ṭamīm*	174.133	5-6, 11a
Nobe I	não localizado		
Nobe II	*Tell Safūt?*	229.160	5
Nod	não localizado		
Nof	cf. Mênfis		
Nofe	não localizado		
Nurpi	*er-Rāfe* cf. tb. Rafon	259.250	2
Obot	*'Ain Ḥuṣb*	173.023	3, 5
Odolam	*Ḫirbet eš-Šēḫ Maḏkūr*	150.117	4-7, 11a, 12
Ofel	cf. Jerusalém		16a
Ofer	*Tell el-Muḥaffar*	170.205	5
Ofir			11b
Ofni	não localizado		
On	cf. Bet-Sames IV		
Ono	*Kafr 'Āna*	137.159	2, 11a
Oquina	cf. Aco		
Orontes	*Nahr el-'Āṣi*	F.2-3	3-10
Ortosia	*Artūsiya*	F.3	10

Nome da localidade na Bíblia	Nome atual da localidade	Coordenadas	Mapas
Ozensara	não localizado		
Pafo	*Paphos*	E.3	15
Paneas		200-230.290-310	14
Panfília		E.2	10, 15
Pártia		J-K.2-3	10
Parvaim	não localizado		
Pátara	*Gelemiş*	D.2	15
Patmos	*Patmos*	D.2	15
Patros		E.4	9, 11b
Pedra das Despedidas	não localizado		
Pedra de Boen	não localizado		
Pegai	*Rās el-ʿĒn* cf. tb. Afec I	143.168	12
Pela	*Ṭabaqāt Faḥil*	207.206	2, 13-14
Pereia		199-228.096-201	13-14
Pérgamo	*Bergama*	D.2	15
Perge	*Perge*	E.2	15
Persépolis	*Taḫt i-Yamšid*	J.4	10
Pérsia		J-K.3-4	10
Petor	*Tell Aḥmar?*	F.2	8
Petra	*Wādī Mūsā*	192.971	1, 3, 13
Piairot	*Tell Maḥmadīye*	928.055	3
Pi-Beset	*Tell Basṭa*	820.996/E.3	3, 10
(*Piḫilum*)	cf. Pela		10, 15
Pisídia		E.2	15
Pitom	*Tell er-Raṭābe* cf. tb. Sucot II	864.995	3
Planície de Jezrael		160-190.210-235	1, 12
Poço de Laai-Roí	não localizado		
Poço de Sira	*Ṣirāt el-Bellāʿī*	159.108	5
Poços de Benê-Jacã	não localizado		
Ponto		D-E.1	15
Porta dos Cavalos	cf. Jerusalém		16a
Povos do Mar		130-160.170-145	5
Ptolemaida	*Tell el-Fuḫḫār* cf. tb. Aco	158.258/F.3	12-15
Putéoli	*Pozzuoli*	A.1	15
Qatna	*el-Mišrefe*	F.3	8
Que/Coa	cf. Cilícia	F.2	8
Quebon	não localizado		
Queila	cf. Ceila		
Queleon	não localizado		
Quelmad	cf. Média		
Quene	não localizado		
Quenitas		150-185.060-080	4-5
Querub-Adon	não localizado		
Queslon	*Keslā*	154.132	4
Quiamon	*Tell Qēmūn?*		
cf. tb. Jecnaam	160.229	13	
Quiltu	cf. Ceila		
Quineret	*Tell el-ʿOrēme*	200.252	2, 4-6
Quio	*Chios*	D.2	15
Quir I	não localizado		
Quir II	*el-Kerak*	217.066	6
Quir-Hares	cf. Quir II		
Quir-Moab	cf. Quir II		
Quison	*Nahr el-Muqaṭṭaʿ*	168.227-153.247	1, 5-6
Rabá	*Ḫirbet Bīr el-Ḥilū?*	149.137	2, 4
Rabá (dos amonitas)	*ʿAmmān*	238.151/F.3	1, 4-10, 11a, 12
Rabit	não localizado		
Racon	cf. Águas do Jarcon		
Rafaim (planície)		167.128-169.129	4-6
Rafia	*Rafāḥ*	078.079	2, 7, 13
Rafidim	não localizado		
Rafon	*Šēḫ Meskīn?* perto de *er-Rāfe* cf. tb. Nurpi	258.248 259.250	12-14
Ragaba	*Tell er-Murabba*	216.183	13
Ragau	cf. Rages		
Rages	*Rai*	J.2	10
Ramá do Negueb	cf. Ramá IV		
Ramá I	*Ḫirbet Raddāna*	169.146	4-7, 11a
Ramá I (lugar alto de)	*Rās eṭ-Ṭaḥūne*	170.146	5
Ramá II	*Ḫirbet Zētūn er-Rāme*	187.259	4
Ramá III	*Ramīye?*	179.279	4

Ramá IV	*Ḫirbet Umm Redīm?*	165.066	4-5
Ramá V	*er-Rām*	172.140	4-6
Ramá VI	cf. Ramot		
Ramataim I	cf. Ramá I		
Ramataim II	*Rentis?*	152.159	13

Nome da localidade na Bíblia	Nome atual da localidade	Coordenadas	Mapas
Ramataim-Sofim	*Ḫirbet Raddāna* cf. Ramá I	169.146	12
Ramat-Lequi	cf. Lequi		
Ramat-Masfa	cf. Masfa de Galaad		
Ramet	cf. Jarmut		
Ramot de Galaad	*Tell er-Ramṯe*	245.218	4-6
Ramot I	cf. Ramot de Galaad		
Ramot II	cf. Jarmut II		
Ramsés	*Tell ed-Dabʿa*	860.035	3
Rebla	*Rible*	F.3	9
Recat	*Ḫirbet el-Qunēṭire*	199.245	4
Recém	não localizado		
Régio	*Régio Calábria*	B.2	15
Regma			11b
Remon I	cf. En-Remon		
Remon II	*Ḫirbet er-Rūme* perto de *Rummāne*	177.243	4
Remon III	*er-Rammūn*	178.148	5
Remon-Farés	não localizado		
Reobot	*Ḫirbet Abū Ǧuḫēdim?*	124.076	5
Reobot-Ir	cf. Nínive		
Reobot-Naar	*Rās er-Riḥāb*	208.038	5
Resef	*Reṣāfe*	F.2	8
Resen	não localizado		
Ressa	não localizado		
Retma	não localizado		
Rifat	não localizado		
Rinocorura	*el-ʿArīš*	035.060	13
Rodenses	cf. Rodes		
Rodes	*Rhodos*	D.2	10, 15, 11b
Rogelim	*Ẓahrat Ṣōqāʿa?*	223.215	5
Roma	*Roma*	A.1	10, 15
Romá	*Ḫirbet er-Rūme*	177.243	13
Roob I		205-220.310-325	5
Roob II	*Qalāʿer-Raḥīb?*	180.275	2, 4-5
Roob III	*Tell eṣ-Ṣārim?*	197.207	2
Ros	não localizado		
Rúben		203-250.077-144	4
Rubute	cf. Rabá		2
Ruma	cf. Aruma		
Saab	*Šaʿāb*	173.255	13
Saamir I	não localizado		
Saamir II	não localizado		
Saanã	não localizado		
Saananim	não localizado		
Saar	*eṣ-Ṣaḥra*	F.3	9
Sabá		(H.6)	10, 11b
Sabama	não localizado		
Sabarim	não localizado		
Sabarim	não localizado		
Sabata			11b
Sabataca	não localizado		
Sacaca	não localizado		
Safarad	*Sart* cf. tb. Sardes	(D.2)	9
Safed	*Ṣafed*	196.263	12-13
Safet	*Ḫirbet es-Sitt Lēla*	150.215	2
Safir	não localizado		
Safo	*Ṣaffa?*	155.146	13
Safon	*Tell es-Saʿīdīye*	204.186	4-5, 13
Salamina	*Salamis*	E.2	15
Salebim	*Selbīṭ*	148.141	4-5
Salef	não localizado		
Salém	cf. Jerusalém		
Saléquet	não localizado		
Salim	*Tell Šēḫ Salīm*	199.199	14
Salim	não localizado		
Salinas	cf. Cidade do Sal		
Sális	*Ḫirbet Šalḥa?*	132.113	13
Salisa		150-160.140-170	5
Salmona	*Ruǧm Tilʿat ez-Zalmā*	202.982	3

Nome da localidade na Bíblia	Nome atual da localidade	Coordenadas	Mapas
Salmone	*Kap Sidero*	D.2	15
Samar	*Sumra*		11b
Samaraim (localidade)	não localizado		
Samaraim (monte)	não localizado		
Samaria (cidade)	*Sebasṭiye*	168.187/F.3	6-9, 12-14
Samaria (província)		128-205.143-205	6, 7, 11a
Samaria (território)		135-200.143-210	1, 12-14
Sames-Adam	*Ḫirbet Madyan* cf. tb. Edema	193.245	2
Samos	*Samos*	D.2	10, 15
Samotrácia	*Samothraki*	D.1	15
Sampsames	não localizado		
Sanã	não localizado		
Sanabria	*Ḫirbet Kerak*	204.235	13
Sanir	cf. Hermon		
Saraá	*Ṣar'a*	148.131	4-7, 11a
Saraim	não localizado		
Sarar	*Ḫirbet el-Huḏēra*	152.217	2
Sarat-Asaar	não localizado		
Sardes	*Sart*	D.2	15
Sareda I	*Ḫirbet Banāt Barr?*	155.163	5
Sareda II	cf. Sartã		
Sarefat	cf. Sarepta		
Sarepta	*Ṣarafand*	178.319/F.3	6-7, 15
Sarid	*Tell Šadūd*	172.229	4
Sarion	cf. Hermon		
Saroen	*Tell el-'Aǧǧūl*	093.097	2, 4
Saron		130-153.168-240/ E-F.3	1-2, 6, 15
Sartã	não localizado		
Save	não localizado		
Sebá		C.6	10, 11b
Seboim (localidade)	não localizado		
Seboim (vale)	não localizado		
Secron	*Tell el-Fūl?*	132.136	4
Sedada	*Ṣedād*	330.420/F.3	9
Seesima	não localizado		
Sefama	não localizado		
Sefamot	não localizado		
Sefar	não localizado		
Sefarvaim	não localizado		
Sefat	cf. Horma		
Sefata (vale)	não localizado		
Sefelá		120-150.100-160	1, 4-7, 11a
Séfer	não localizado		
Séfer	*Saffārīn*	160.185	6
Séforis	*Saffūriye*	176.239	13
Segor	*Ḫirbet eš-Šēḫ 'Isā*	195.047	5-7, 13
Seir		180-240.970-045	1-2, 5-7
Seir	não localizado		
Seira	não localizado		
Seira	não localizado		
Sela	*es-Sil'*	205.021	6
Sela	*Ḫirbet Ṣelāḥ?*	164.132	4-5
Selame	*Ḫirbet es-Sallāma*	185.254	13
Selca	*Ṣalḫad?*	311.212	4-5
Selêucia I		G.3	10
Selêucia II	*el-Qābūsīye*	E.2	15
Selêucia III	*es-Suwēdīye*	F.2	15
Selêucia IV	*Selūqiye?*	222.267	13
Selim	cf. Saroen		
Selmon	*Ǧebel el-Kebīr?*	184.182	5
Selsa	não localizado		
Sema	não localizado		
Semida		150-170.180-195	4-6
Semron	*Ḫirbet Sammūniye*	170.234	2, 4-5
Semron Meron	cf. Semron		
Senaar	cf. Babel		11b
Sene	no *Wādī eṣ-Ṣuwēnīṭ*	175.141	5
Sensena	*Ḫirbet eš-Šamsāniyāt*	140.083	4
Seon	*Sīrīn*	197.228	4
Sepf	cf. Safed		
Ser	cf. Tiro		
Serābiṭ el-Ḫādim	*Serābiṭ el-Ḫādim*	999.829	3
Sesac	cf. Babilônia		
Setim	cf. Abel-Setim		

Nome da localidade na Bíblia	Nome atual da localidade	Coordenadas	Mapas
Shasu		240-280.050-350	2
Sião	cf. Jerusalém		16a, 16b
Sicâminos	*Tell es-Samak*	146.247	13
Sicar	*'Askar*	177.181	14
Siceleg	*Tell eš-Šerī'a?*	119.088	4-5, 11a
Siciônia		C.2	10
Side		E.2	10
Sidim (vale)		180-200.050	5
Sidônia	*Ṣēdā*	184.329/F.3	1-2, 4-10, 11b, 12, 14-15
Siene	*Assuan*	E.5	10
Sila	não localizado		
Silo	*Ḫirbet Sēlūn*	177.162	4-5, 7
Siloé	cf. Jerusalém		16a, 16b
Simeão		060-190.000-100	4
Simonias	*Ḫirbet Sammūnīye*	170.234	13
Sin	não localizado		
Sin (deserto)		110.000-150.030	3-5
Sin I	*Tell er-Faramā*	915-054/E.3	3, 10
Sin II (deserto)		920-060.030-040	3
Sin III (sineus)	não localizado		
Sinai	não localizado		
Sineus	não localizado		
Sinim	cf. Siene		
Sion	cf. Hermon		
Sior		800-920.970-050/ E.3	3
Sior	não localizado		
Sior Labanat		159.247-161.243	4
Sipar	*Abū Ḥabba*	G.3	10
Siquém	*Tell Balāṭa*	176.179	1-2, 4-7, 12-13
Siracusa	*Siracusa*	B.2	15
Síria		F.3	10, 15
Siro-Fenícia		F.3	15
Siron	cf. Seon		
Sirte, grande	*Ḫaliǧ as-Surt*	B.3	15
Sis	cf. Encosta de Sis		
Sitna	não localizado		
Soa	cf. Suteus		
Soba		F.3	8
Soco	não localizado		
Soco I	*Ḫirbet 'Abbād*	147.121	4-5, 7
Soco II	*Ḫirbet eš-Šuwēke*	150.090	2, 4
Soco III	*Šuwēke er-Rās*	153.194	2, 5
Sodoma	não localizado		
Sogane I	*Saḫnīn*	177.252	13
Sogane II	*el-Yehūdīye?*	216.260	13
Sorec		123-172.123-150	1, 5
Sores	não localizado		
Sorés	não localizado		
Sual	não localizado		
Subida dos Escorpiões	*Naqb eṣ-Ṣafā*	161.035	3-5
Sucot I	*Tell Dēr 'Allā*	208.178	4-5
Sucot II	*Tell el-Masḫutta*		
cf. tb. Pitom	876.994	3	
Sud	não localizado		
Suf	não localizado		
Suf		165-175.145	5
Sufa	não localizado		
Sul (terra do)	cf. Negueb		
Suném	*Sōlem*	181.223	2, 4-6
Sur		940-020.940-000/ E.3	8
Sur I	cf. Porta dos Cavalos/ Jerusalém		16a
Sur II	não localizado		
Susa	*Šūš*	H.3	10
Suteus		F.3	2, 9
Sutu	cf. Suteus		
Taat	não localizado		
Tabé	*Tell Dēr Zinū*	F.3	8
Tabera	não localizado		
Tabor I	*Ǧebel eṭ-Ṭōr*	187.232	1, 4-7, 13
Tabor II (carvalho)	não localizado		

Nome da localidade na Bíblia	Nome atual da localidade	Coordenadas	Mapas
Tadmor	*Palmyra*	F.3	10
Táfnis	*Tell el-Defenna*	884.042/E.3	3, 9
Tafsa I	*Dibse*	F.2	8
Tafsa II	não localizado		
Tafua I	*Tell Šēḫ Abū Zarad*	172.167	4-5
Tafua II	não localizado		
Tamar	*ʿAin Arūs?*	183.043	5, 7
Tamna I	*Tell el-Baṭāšī*	141.132	4-5, 7
Tamna II	*Ḫirbet et-Tabbāna*	154.122	4-5
Tamna III	cf. Tamnat-Saraá		
Tamnat-Hares	cf. Tamnat-Saraá		
Tamnat-Saraá	*Ḫirbet et-Tell*	164.169	4-5, 13
Tanac	*Taʿanek*	171.214	2, 4-5
Tanat-Silo	*Ḫirbet Ṭānā eṭ-Ṭaḥtā*	187.173	4
Tânis	*Ṣān el-Ḥagar*	850.050/E.3	3, 8-9
Tarala	não localizado		
Taré	não localizado		
Tariqueia	*Meǧdel*	198.247	13
Társis	*Tartessos*		11b
Tarso	*Tarsus*	F.2	10, 15
Tatam	não localizado		
Tebas	cf. Nô-Amon		
Tebat	*Tell Abū Ḥabīl?*	204.197	5
Tebat	não localizado		
Tebes	*Ṭūbās*	185.192	5
Técua	*Ḫirbet Teqūʿ*	170.115	4-7, 11a, 12-13
Tefon	não localizado		
Tel Abib	não localizado		
Tela	*Yesod ha-Maʿala?*	207.273	13
Telam	não localizado		
Telassar	não localizado		
Telém I	não localizado		
Telém II	não localizado		
Tel-Harsa	não localizado		
Tel-Mela	não localizado		
Tema	*Taymāʾ*	F.4	8-10
Temã		170-200.930-970	1, 5-7
Terra dos Heteus	não localizado		
Tersa	*Tell el-Fārʿa*	182.188	4-6
Tesbi	*Ḫirbet el-Hēdamūs?*	220.196	6
Tessalônica	*Saloniki*	C.1	15
Tiatira	*Akhisar*	D.2	15
Tiberíades	*eṭ-Ṭabarīye*	201.242	13-14
Tigre		G-H.2-3	8-10
Tiras	não localizado		
Tiratana	*eṭ-Ṭīre?*	174.174	13
Tiro I	*eṣ-Ṣur*	168.297/F.3	1-2, 4-10, 12-15
Tiro II	*ʿIrāq el-Emīr*	221.147	13
Tisbe	não localizado		
Tob	*eṭ-Ṭayyibe*	226.218	2, 5, 12
Tobias(enses)	cf. Tob		
Tofel	não localizado		
Tofet	cf. Jerusalém		16a
Togorma		F-G.2	9, 11b
Tolad	cf. Eltolad		
Toquen	não localizado		
Torre de Estratão	*Qaiṣarīye*	140.212	12
Torrente de Gaás	não localizado		
Torrente do Egito	*Wādī el-ʿArīš*	036.063-070.010/E.3 e 4	1, 4, 8-9
Trácia		C-D.1	10
Traconítide		250-310.260-290	13-14
Três Tabernas		A.1	15
Trípoli	*Ṭarāblus eš-Šām*	226.430/F.3	10
Trôade	*Dalyan*	D.2	15
Tubal		E-F.2	10, 11b
Ufaz	cf. Ofir		
Ugarit	*Rās eš-Šamra*	F.2	8
Ulai	Canal em Susa; cf. Susa		
Umá	cf. Aco		
Upe		250-310.290-350	2
Ur	*Tell el-Muqēyir*	H.3	8, 10
Urartu	cf. Ararat		
Uruc	*Warka*	H.3	8, 10
Usu	cf. Hosa		
Uzal	não localizado		
Vaeb	não localizado		
Vale do Sal		145-200.885-050	1, 5-6
Wedã	cf. Dã		
Yurza	*Tell Ǧemme*	097.088	2
Zabadeus		F.3	9
Zabulon		162-190.228-247	4
Zanoe I	*Ḫirbet Zānūʿ*	150.125	4, 11a
Zanoe II	não localizado		
Zared	*Wādī el-Ḥesā*	240.030-200.047	1, 3
Zefrona	não localizado		
Zie	*Ḫirbet Zēy*	218.167	13
Zif (deserto)		150-180.080-100	5
Zif I	não localizado		
Zif II	*Tell Zīf*	162.098	4-5, 7
Zohélet	não localizado		

Paulinas
Rua Dona Inácia Uchoa, 62
04110-020 – São Paulo – SP (Brasil)
Tel.: (11) 2125-3500
http://www.paulinas.com.br – editora@paulinas.com.br
Telemarketing e SAC: 0800-7010081